ゲーセン戦記

ミカド店長が見た
アーケードゲームの半世紀

池田 稔

ゲーセンミカド店長

聞き手・構成 ナカガワヒロユキ

797

中公新書ラクレ

まえがき

いま、個人経営のゲームセンターは存亡の危機にある。

2020年以降の新型コロナ感染症拡大とともに、自粛や規制によって、小さくとも気概を持った昔ながらのゲームセンターは続々と閉店。

2021年にその波は大手にも及び、新聞、テレビ、WEBメディアなどで都内ゲームセンターの閉店ラッシュが報じられた。

2023年現在も、その状況は改善されていないどころか、ますます深刻なものになっている。

それを聞いた多くの人は、「でも、前からゲーセンってオワコンだったんじゃない?」と訳知り顔で言う。

たしかにゲームセンターは、時代の流れに逆行した旧世代の遺物だと思われがちだ。

コスパが悪い、最新ゲームがない、マニア向けの商売、空気が悪い……かつてのアーケードゲームのファンも離れ、もはや風前の灯。データを見れば、全国のゲームセンターは1989年の約2万2000店が、2019年には約4000店にまで減っている。

しかし、それは表面的なことだ。

実は2010年代に大手メーカーは拡大したゲームセンターの淘汰と整理を進め、15年以降は店舗あたりの収入は増加傾向に転じていた。もちろん、それは大手の話で、個人経営のゲームセンターの状況とは話が別だ。けれど「ゲームセンター」という場そのものは求められている。

僕の経営する「ゲーセンミカド」は、現在、高田馬場オアシスプラザ、ナツゲーミカド、池袋ランブルプラザの3店舗。

決して順風満帆とは言えないが、それでも熱量の高い多くのお客さんによって支えられている。長い間、僕やお店のスタッフが頑張ってこられたのは、「ゲームセンター」という場所を愛する気持ちがあったからこそだ。

時代の流れのなかで、イベント、配信、本の出版、グッズ制作、クラウドファンディング、キャラクター制作、できることはなんでもやった。

本書には、昔ながらの個人経営ゲームセンターがスタッフやファンの皆さんとともに、どうやって危機を切り抜け、ない知恵を振り絞り、生き延びてきたのかが書いてある。と、同時にこれは、人生のほとんどを、ゲームセンターとともに生きてきた僕から見た「ゲーセンの歴史」でもある。

ゲームセンターにまつわる書籍は数あれど、経営者の目線から書かれたものはまだ少ない。本書には、かつてのゲームセンター業界の内幕や、なぜいま、ビデオゲームを並べた古いタイプのゲームセンターが消えていっているのか、この先どうなるのかなど、いろいろな角度からの考察が記されている。

いつか誰かがこれを読んで、僕が驚くような新しい「ゲーセン」を作ってくれることを願っている。

目次

STAGE 4

淘汰の時代 2011－2018

震災と強盗事件
閉店ラッシュ
音ゲーとプライズ
ユーチューブの本領
インバウンドとメダルゲーム
eスポーツとゲーセン
『艦これ』ブームと筐体事情
池袋ランブルプラザ
居抜きはキツイよ
●番外編 謎のゲーム『ポラックス』

図表作成・本文ＤＴＰ／市川真樹子

ゲーセン戦記

ミカド店長が見たアーケードゲームの半世紀

※編集部注
本書に掲載したゲーム画面の写真には、
家庭用のものも含みます。

STAGE 0

伝説のゲーセン

ゲーセンミカド

ＪＲ山手線、高田馬場駅の上野方面ホームの真ん中あたりに立つと、そこからこんな看板が見える。

「高田馬場ゲーセンミカド ＩＮ オアシスプラザ」

東京都内、山手線の駅隣という一等地で14年間続く、昔ながらのゲームセンター。それがミカドだ。

ミカドは普通のゲームセンターではない。

２階建て約１４０㎡のフロアには、所狭しと昔ながらのアーケードゲームが並べられている。

１階にはタイトーの３画面筐体《きょうたい》の『ダライアス』、ナムコの『メタルホーク』、セガの『パワードリフト』など、もうメーカーにすら存在しないような筐体もあり、昭和の時代さながらの風景が残っている。

２階には新旧まじった格闘ゲームの対戦台が並んでおり、集まったプレイヤーたちが腕を競い合う大会が毎日のように行われ、その実況を店員がネットで配信し、何百人ものネットのユーザーが視聴する。

大会のない日にも配信は休むことなく行われる。ゲームに関するイベントや、まったく関係ないイベント。とにかく毎日なにかが起きている。

ネットもリアルも巻き込んだ古くて新しいゲームセンター、それがミカドなのだ。

高田馬場駅のホームから見える看板

高田馬場ゲーセンミカド IN オアシスプラザ外観

高田馬場ゲーセンミカド IN オアシスプラザ　1階の様子

面白いことならなんでもやってみるという姿勢と店内の懐かしい雰囲気ゆえに、雑誌や映像番組やドラマなどで、ロケーション（ゲーセン業界ではお店のことをロケーションと呼ぶ）を貸してくれという依頼もよく来る。

ゲーム好きの個人が結婚式をやったり、ファッションブランドがコレクションの発表会をやったり、プロレスが行われたこともある。

常連プレイヤーが海外で活躍するにつれて知名度が上がり、いつしか「伝説のゲーセン」と呼ばれるようになった。

昔、新宿の歌舞伎町で営業していたせいか「なんか怪しいお店じゃないのか?」「反社と関係があるんじゃないか?」と疑われたこともあるが、そんなことはない。

僕――池田稔――が代表を務める会社「ＩＮＨ」による、個人経営のゲームセンターだ。

ミカドは一体どうやってできたのか？

始まりは２００６年にまでさかのぼる。

ミカドができるまで

堀江貴文が逮捕されたライブドア事件が、世間を騒がせていた２００６年のある日、会社を辞めて友人たちとゲームの攻略ＤＶＤやサントラを作っていた僕のもとに、知人がこんな話を持ってきた。

「歌舞伎町に居抜きで売られているゲームセンターがある。池田くん、興味ないか」

子供の頃からゲームセンターが好きで、人生のほとんどをゲームと過ごしてきた僕にとって、自分のゲームセンターを経営することは昔からの夢だった。

1974年生まれの僕は、5歳でインベーダーブーム、9歳でファミコン、中学生になってからはPCエンジン、メガドライブ、ゲームボーイ、スーパーファミコン……とにかく毎年のように新しいゲームハードが登場する時代に生きていた。

シューティング、アクション、対戦格闘ゲーム、あらゆるジャンルに勢いがあり、ゲームセンターに行けば最新の刺激があった。

ゲーム漬けの生活のなかで高校をドロップアウトした僕は、19歳でゲーセン店員になり、21歳のときにゲームセンターの筐体を売る会社に就職。業界の仕事を続け、30歳で独立。ゲームの攻略DVDやサウンドトラックを作る会社を経営していた。

そんな僕にとって、自分の「場」であるゲーセンを持てるかもしれないという提案はとても魅力的だった。

お店の値段は600万円。

当時の僕にとっては到底一括で払える額ではなかった。

あきらめきれず、さんざん迷った末に、僕は必死でお金をかき集め、このゲームセンターを買った。

それが「ゲーセンミカド」歌舞伎町店のスタートだった。

お店の主役は、いまでは見かけなくなったような古いアーケードゲーム。特にビデオゲームには力を入れた。

時代の流れと逆行するような古くさい小さなお店だったが、ゲームを愛するお客さんとスタッフに支えられて、ミカドはじわじわと根強いファンを増やしていった。

それから3年後。

２００９年にテナント契約上の都合で、歌舞伎町のビルから高田馬場のビルへと移転し、以来、いまに至るまで僕はここでゲームセンターを続けている。

ゲーセンの経営は楽ではない。

１００円だった缶ジュースが１４０円くらいになっているのに、ゲーセンでは相変わらずワンプレイ50円や１００円なのを見れば予想がつくだろう。それどころか、ネットワーク化されたゲームはメーカーがお店側からプレイ料金を取っていくので、実際はワンプレイ70円しか儲からなかったりする。

正直、ビジネスとしてはまったく時代に適応していない。

気づけばゲーセンはクレーンゲームやプリクラやメダルゲームなどの、大きくてきらびやかなマシンが並ぶ空間になり、薄暗い空間にビデオゲームが所狭しと並ぶ、昔ながらのお店はほぼ絶滅してしまった。

ミカドは後者の薄暗いほうのゲーセンなのだが、よく「なんで生き残ってるんですか?」と聞かれる。そのときやれることを必死でやっているだけだが、ふたつほど明確なポイントがある。これはゲーセンに限らず、他の業界でも通用することだと思うので、そこをまず説明しておこう。

時代を逆行する戦略

オープン当時のミカドは、大会をすればそのスタッフのファンが集まってくるようなカリスマ店員がいたせいもあってか、ゲーマーたちの間ではよく知られたお店だった。大会の頻度も高く、ここにしかない古いゲームもたくさんあった。

当時の最新ゲームではなく、あくまで古いもので勝負したこと――生き残っているポイントのひとつ目がこれだ。

新しいものはどこにでもある。競合すると、結局は価格の戦いになる。だから最初からそこで勝負するつもりはなかった。コンテンツは古くとも、企画次第で盛り上げることができるのだ。

でも、それだけでは長く生き残ることはできない。

現にオープン後、ゆっくりとインカム（英語の「income」。業界用語で、ゲーム機に投入された金額。つまり「売上」のこと）は低迷していった。

では、次になにがポイントとなったのか？

それは２０１１年以降に始めた、ストリーミング配信と連続イベントだ。

ミカドが新宿にオープンした時期（２００６年）は、ちょうどYouTubeやニコニコ動画が始まった時期に近い。この時期には無料で動画を配信することはまだ珍しく、僕自身もあまり積極的ではなかった。

１９９０年代後半に格ゲー（対戦格闘ゲーム）ブームが終わり、入れ替わるように音ゲー（音楽・リズムゲーム）ブームが来た。さらに２０００年代からネットワーク型のカードを使ったゲームが現れ、ゲーセンにもネットワークが組まれるようになるあたりまでは、まだ希望があった。

業界の雲行きが怪しくなったのは、２０１０年を過ぎてからだ。

メーカーがネットワークシステムでゲーセンに課金をする額が大きくなり、さらに2011年の東日本大震災。

これをきっかけに、小さなゲーセンはバタバタと倒れていった。

しかし、ミカドは逆だった。

震災以降、ほとんどやけくそのように毎日イベントを行うとともに、ライブ配信もするようになった結果、従来ミカドのことを知らなかった人もお店にやってくるようになり、なんとか苦境を乗り越えることができた。

その後も、冒頭に述べたようにあらゆる活動に手を広げた。それにしたがって、メディアの露出も増え、2018年2月2日にはNHK「ドキュメント72時間」で、「伝説のゲーセン　大人たちの闘い」というお店に密着した番組が放送された。同時にこの時期は、ミカドが撮影に協力したゲーセンが舞台のアニメ「ハイスコアガール」の放映もあった。

その影響もあってか、この年ミカドは過去最高益を記録した。

未来が見えたような気がしたのもつかの間、次の事件が起きる。

コロナショックだ。

２０２０年に広がった新型コロナウイルスによって世界的混乱が起き、あらゆる経済がストップしてしまう。

これにはまいった。

ミカドはイベントとインカムで回っている店だ。どちらもリアルな場に人間がいなければ、どうしようもない。かといって、休業要請に応じてもゲームセンターに支援金は出ない。

困った結果、ミカドは生き残りを懸けてゲーセン初のクラウドファンディングを実施する。目標金額は２０００万円。果たしてゲームセンターを求める人たちがどのくらいいるのか。

募集期間の１ヶ月が終わってみれば、結果的に、３８７２人の支援によって３７３２万８８９２円という驚くべき金額が集まった。

この金額には、驚かされるとともに本当に勇気づけられた。

ところが、コロナの脅威は終わらず、続く翌年も二度目のクラファンを行うことになってしまったが、これも１２０６人の支援者によって１５６８万３８３３円を達成。

この二度のクラファンによって、なんとかミカドを存続させることができ、ゲームセンターがまだ世の中で愛されていることを再確認した。支援してくれた方々には、本当に感謝している。

以上のように、ミカドはあくまでレトロゲームを軸にしているが、その時々で柔軟にやれることをやってきた結果が、生き残りにつながっているのだ。

しかし、コロナで受けたゲームセンター業界の傷はいまだ深く、ミカドも含めて今後どうなっていくのか予想がつかない。なにも手を打たなければ、街のゲームセンターはこのままどんどん消えていくだろう。

これだけの支援者がいるのに、ゲーセンのことが忘れ去られてしまうのだとしたら、それは大きな文化的損失といっても過言ではない。

１９８０年代のインベーダーブームのなかで幼少期を過ごし、90年代の対戦格闘ブームに青春をささげ、それからずっと業界にいる僕にとって、ミカドのこれまでとゲームセンターの歴史は同じ重みがある。２０１１年の震災、20年のコロナ、激動の時代のなかで、僕らは知恵を振り絞ってなんとか生き抜いてきた。

僕個人とお店と、ゲーム業界、社会情勢、日本の状況、それらは複雑にからみ合っている。時代という大きな流れとリンクする小さな文化は、日本よりも実は海外で大きな影響力と価値を持っていたりする。それを知ってもらうことで、文化を記録し保存する意義も見えてくるはずだ。

次章からは、僕自身の体験から、ゲームセンターの風景がどのように変化していったのかを、ミカドの歴史をふくめて話していきたい。

まずは１９８０年代、シューティングゲームの時代からだ。

STAGE 1

始まりから成熟の時代

1974－1996

年	主なアーケード作品（開発会社、販売会社など）	その他の関連事項
1972	ポン（アタリ）	世界初の家庭用テレビゲーム機「オデッセイ」発売
1974	ポンダブルス（アタリ／中村製作所）、スピードレース（タイトー）	著者誕生
1975	ＩＮＤＹ８００（アタリ／中村製作所）	日本初の家庭用テレビゲーム機「テレビテニス」発売
1976	ブレイクアウト（アタリ）	ロッキード事件
1977	サーカス（エキシディ）	世界初のソフト入れ替え型ゲーム機「Atari2600」発売／15種類のゲームが内蔵されている「テレビゲーム15」が任天堂より発売／アップルコンピュータ設立
1978	コンピューターオセロ（任天堂）、スペースインベーダー（タイトー）	インベーダーブーム
1979	ギャラクシアン（ナムコ）、平安京エイリアンモナコＧＰ（セガ）	マンガ『ゲームセンターあらし』連載開始／ウォークマン、ＰＣ-８００１発売
1980	サムライ（セガ）、パックマン（ナムコ）	ゲーム＆ウオッチ発売
1981	ドンキーコング（任天堂）、ギャラガ（ナムコ）	カセットビジョン発売
1982	ドンキーコングＪＲ.（任天堂）	ぴゅう太発売／『マイコンＢＡＳＩＣマガジン』創刊

1983	ゼビウス（ナムコ）、マリオブラザーズ（任天堂）、ハイパーオリンピック（コナミ）、ウルトラクイズ（タイトー）、マッピー（ナムコ）	ファミリーコンピュータ発売
1984	ドルアーガの塔（ナムコ）、空手道（テクノスジャパン／データイースト）、ギャプラス（ナムコ）	ファミリーベーシック発売
1985	グラディウス（コナミ）、魔界村（カプコン）、ハングオン（セガ）、スペースハリアー（セガ）、ＵＦＯキャッチャー（セガ）、リアル麻雀牌牌（セタ／ＡＬＢＡ）、エキサイティングアワー（テクノスジャパン／タイトー）、イー・アル・カンフー（コナミ）	新風俗営業法が施行される／ＵＦＯキャッチャー誕生
1986	沙羅曼蛇（コナミ）、アウトラン（セガ）、ホッピングマッピー（ゲームスタジオ／ナムコ）、イシターの復活（ゲームスタジオ／ナムコ）	『ゲーメスト』創刊
1987	究極タイガー（東亜プラン／タイトー）、ダブルドラゴン（テクノスジャパン／タイトー）、アフターバーナーⅡ（セガ）、ファイナルラップ（ナムコ）、Ｒ-ＴＹＰＥ（アイレム）、ストリートファイター（カプコン）、ダライアス（タイトー）	ＰＣエンジン発売
1988	グラディウスⅡ（コナミ）、メタルホーク（ナムコ）、テトリス（テンゲン／セガ）	メガドライブ発売
1989	グラディウスⅢ 伝説から神話へ（コナミ）、Ｒ-ＴＹＰＥⅡ（アイレム）、鮫！鮫！鮫！（東亜プラン）、ウイニングラン（ナムコ）、ファイナルファイト（カプコン）、上海Ⅱ（サクセス／サン電子）	ゲームボーイ発売／消費税３％／昭和から平成
1990	パロディウスだ！（コナミ）、雷電（セイブ開発／テクモ）	スーパーファミコン発売／業務用ＮＥＯＧＥＯ稼働開始

1991	ストリートファイターⅡ（カプコン）、クイズ殿様の野望（カプコン）、NEW UFOキャッチャー（セガ）、餓狼伝説（SNK）	家庭用NEOGEO発売
1992	リッジレーサー（ナムコ）、餓狼伝説2（SNK）、ストリートファイターⅡ'（カプコン）、スーパー上海 ドラゴンズアイ（ホット・ビィ／タイトー）	通信カラオケJOYSOUND／ポケベル流行
1993	サムライスピリッツ（SNK）、バーチャファイター（セガ）、餓狼伝説スペシャル（SNK）	3DO発売
1994	スーパーストリートファイターⅡX（カプコン）、ザ・キング・オブ・ファイターズ'94（SNK）、真サムライスピリッツ（SNK）、バーチャファイター2（セガ）、鉄拳（ナムコ）、機動戦士ガンダム EX REVUE（バンプレスト）、デイトナUSA（セガ）、ぷよぷよ通（コンパイル／セガ）	セガサターン、プレイステーション、バーチャルボーイ発売
1995	ストリートファイターZERO（カプコン）、ヴァンパイアハンター（カプコン）、ザ・キング・オブ・ファイターズ'95（SNK）、サムライスピリッツ 斬紅郎無双剣（SNK）、電脳戦機バーチャロン（セガ）、バイパーフェイズワン（セイブ開発／日本システム）、ときめきメモリアル 対戦ぱずるだま（コナミ）、対戦麻雀 ファイナルロマンスR（ビデオシステム）、バーチャファイター2.1（セガ）、餓狼伝説3（SNK）、上海 万里の長城（サクセス／テクモ）	プリント倶楽部（プリクラ）誕生／『トウキョウヘッド 19931995』発売
1996	バーチャファイター3（セガ）、バトルガレッガ（ライジング／エイティング）、ライデンファイターズ（セイブ開発）、サイキックフォース（タイトー）	Yahoo! JAPANサービス開始／ポケモンブーム

始まりは『ゼビウス』

日本で最初に稼働した業務用のビデオゲーム、『ポン』（1972年）。僕はその2年後、1974年に東京都墨田区で生まれた。

ゲームとの出会いは小学校に入る前くらい。母方の両親は、錦糸町でタバコの吸殻を入れる赤いバケツを作る工場を経営しており、その会社の社員旅行に行き宿泊先ホテルのゲームコーナーで初めて『スペースインベーダー』（1978年）に触れた。

当時はテーブル筐体の『スペースインベーダー』が大流行し、店には行列ができていて、30～40分並んでやっと1回遊べるような状況だったから、大喜びでそれをプレイしたことを覚えている。

インベーダーブームの時期は、それればかりが置かれた「インベーダーハウス」と呼ばれる喫茶店が誕生したが、ブームはそれほど長くは続かず、すぐに筐体はダブついて、いろいろな場所で見かけるようになった。ホテルにあったのはそうした筐体だったのかもしれない。

次に覚えているのは、地元の駄菓子屋やプラモ屋の軒先に設置され始めた『ギャラクシアン』（1979年）や『パックマン』（1980年）に熱中したことだ。アメリカ映画なんかでよく見かけるいわゆるアップライト筐体というやつで、テーブル型よりもかっこよく見えた。

世代的にはそれこそファミコンもまだなく、『ゲーム&ウオッチ』（1980年〜）があったくらい。主人公と対戦相手がさまざまな技を繰り出してゲームのスコアを競うマンガ『ゲームセンターあらし』が人気だったのもあって、ゲーセンで高得点を叩き出すハイスコアラー（略してスコアラー）たちは、僕にとってヒーローだった。

僕らは子供文化としてアーケードゲームに触れ、プレイヤーたちにあこがれた最初の世代かもしれない。

そんな僕が、ゲーセンに通い始めるきっかけとなったのは『ゼビウス』（XEVIOUS）だった。

『ゼビウス』は、ナムコ（後のバンダイナムコエンターテインメント）から1983年に発表されたアーケードゲームだ。ジャンルは縦スクロールのシューティングゲームだが、背景にストーリーの存在を感じさせるビジュアルと世界観は、幼い僕に、いままで味わったことのないワクワク感を与えてくれた。『ゼビウス』には、ただ点数を競うだけではない、謎と物語があった。

それまでゲームができる場所は、本屋やおもちゃ屋の店頭、親に連れて行ってもらった駅ビル内のゲームコーナーだったが、『ゼビウス』に夢中になった僕は、自転車に乗って15～20分ぐらいかけて亀戸のゲーセンまで通うようになった。

両親のほかに祖父母から100円ずつもらって亀戸に行くと、1回50円でゲームが遊べたので、400円もらえれば8回遊べるわけだ。

その頃の僕は、貴重なお小遣いをすべてゲームに費やしていた。

ところが、この状況に変化が訪れる。ファミコンの登場である。

1983年にファミリーコンピュータ（ファミコン）が発売されると、それまで

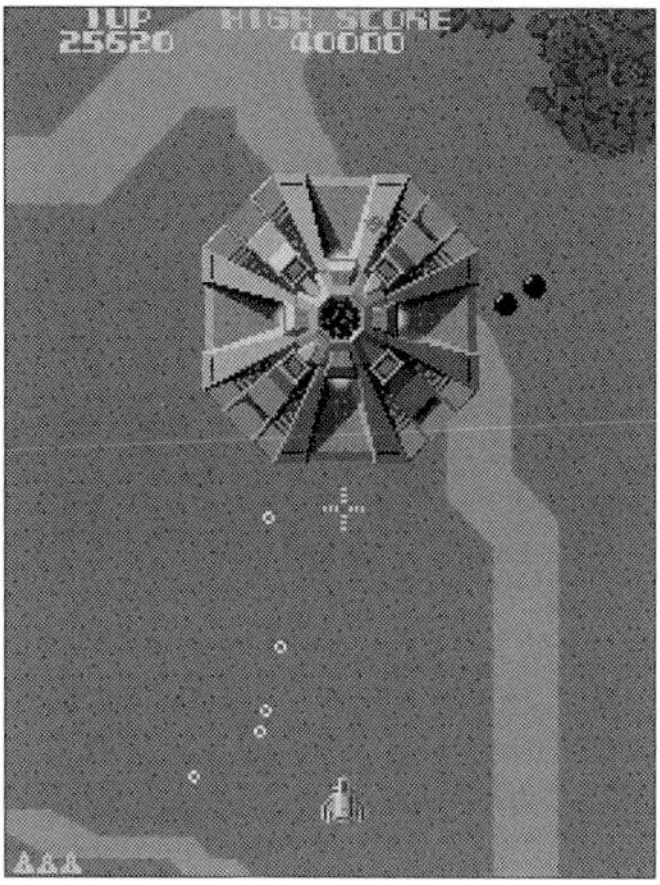

ゼビウス
XEVIOUS™&©BANDAI NAMCO Entertainment Inc.

ゲーセンでしかできなかったゲームが家でもできるようになる。コインを入れなくてもプレイできるのは、当時の子供たちにとってとてつもない魅力だった。当然、周りの友人たちはみんなファミコンに夢中になった。

最初は僕もみんなと同じようにファミコンにのめり込んだ。

ところが、ファミコン版の『ドンキーコング』（アーケード版：1981年、移植版：1983年）をやったときのことだ。なにか、ものすごい違和感を覚えた。ファミコン版はアーケード版とは画面の画角がちがい、一部のステージがオミットされているのだが、その少しのちがいが気になった。

待望の『ゼビウス』がファミコンで発売されたときもそうだった。アーケード版は画面が縦長だけど、ファミコンは家のテレビを使うので横に長く見えた。しかも、アーケード基板よりも性能が低いからナスカの地上絵が表示されない。

結局、「これはガキのおもちゃだな」と、ファミコンを斜めに見ながらまたゲーセンに通う日々が始まる。

『グラディウス』の衝撃

小学生の僕が『ゼビウス』の次にハマったシューティングゲームが、『グラディウス』（GRADIUS／1985年）だった。

『グラディウス』は、シューティングゲームに革命を起こした。

現在でも高田馬場ミカドでプレイできる「グラディウス」 ©Konami Amusement

それまでの横スクロールのシューティングゲームと明らかにちがう、8方向レバーと3ボタン（パワーアップ・対空ショット・対地ミサイル）。パワーカプセルを取って、自分で強化する装備を選べる。こんなに複雑なシューティングゲームは見たことがなかった。

飛躍的に進化したグラフィック。キャッチコピーの「1．9．8．5．宇宙ガ、マルゴト、ヤッテクル。」にも、意味不明ながら痺《しび》れた。

この3年後に『グラディウスII』（1988年）が発売されたときにも驚いた。いまでは「II」を冠したゲームは普通にあるが、当時はそんなもの存在しない。『マッピー』（1983年）の続編の『ホッピングマッピー』（1986年）はぜんぜんちがうゲームだし、『ギャラクシアン』（1979年）、『ギャラガ』（1981年）、『ギャプラス』（1984年）でもちがうゲームになる。『ドルアーガの塔』（1984年）と『イシターの復活』（1986年）もそうだ。

ところが『グラディウス』と『グラディウスII』は基本的にルールは同じ。これは、そのタイトル自体が売りになるようなゲームが現れたことを意味し、のちの『ストリートファイターII』（1991年）にもつながっていく（それまでも『アフターバーナーII』（1987年）があったが、これは先行出荷の『アフターバーナーI』が未完成だったため、途中で無償アップデートされたことによる）。

幼い僕でも、わからないなりにゲームの世界が成熟していくのを感じていた。

小学校高学年になると、教育熱心な親から「塾に行け」「中学受験しろ」と言われ、亀戸にある塾に通わされることになる。

しかし、僕は通り道にあるゲーセンに寄り、塾をサボってゲームにのめり込んでいく。クラス替えや進級でゲーセン仲間が増え、そいつらと一緒に遊ぶようになり、ひたすらゲーム三昧。最終的に親が怒って、僕はちがう区の中学に越境入学をさせられてしまう。

地元は不良ばかりという理由で、台東区の中学校に進学、浅草まで電車で通うことに……けれど、それは僕にとっては好都合だった。浅草駅の周りにはゲーセンがいっぱいあったし、ちょっと足を延ばせば秋葉原、神田、神保町まで行けてしまう。

僕が中学生の頃（1986～89年）は家庭用ゲームの黄金期で、PCエンジン、メガドライブ、ゲームボーイ――一家に一台なにかしらのゲーム機があるのが当たり前になっていた。新しく発売されるハードは全部欲しかったので、「テストで100点をとったら1万円くれ！」と無理矢理親に約束をとりつけて、必死で勉強した。

ゲーセン側も家庭用ゲームに追いつかれないよう、最新ゲームを投入し続けていた。アーケードゲームはハード性能の面でも最先端で、ゲーセンこそが最新の遊びを提供する場だった。そこに集まっていたのは主にティーンエイジャーの少年や大学生たちで、オタクもいれば不良もいた。親や学校はゲームセンターに行くことを禁止していたが、そんなことは関係なかった。

そうこうするうち、高校進学の時期がやってくる。有名なゲーセンの近くにある学校に行きたかった僕は、親を説得して、「プレイシティキャロット巣鴨店」や「ハイテクノーベル神保町」など、有名ゲーセンにも近かった水道橋の駅前にある東京都立工芸高等学校を受けることにした。すべてゲーセンが優先だった。

ゲームセンター文化とスコア

1980年代は、いまとちがって雑誌がまだ大きな影響を持っていた時代だ。特に、ゲームセンター文化にとって欠かせないのは、電波新聞社が刊行していたPC雑誌『マイコンBASICマガジン』(1982~2003年)と、新声社が発行していた日本初のアーケードゲーム雑誌『ゲーメスト』(1986~99年)である。

僕が『ゲーメスト』を読み始めたのは4号目からだが、書店ではなくゲームセンターで買ったのを覚えている。

この雑誌には当時最新のビデオゲーム情報が記載されており、それを目当てに購入していた。あとはハイスコア集計ページ。全国のゲーセンで集計したゲームのスコアランキングが掲載されているが、どれも「どうやったらこんな点数出るの?」という点数ばかり。

ハイスコアが流行したのは、前述のように『ゲームセンターあらし』の影響も大きかった。「何点いった自慢」の文化が好きだった僕は、当時、ゲームメーカーのハドソンが主催していたゲーム大会「全国キャラバン」の第1回（1985年）にも参加した。

月刊ゲーメスト（創刊号）

ところが、1978年の『スペースインベーダー』から始まったゲームセンターのスコア文化は、80年代後半から衰退していき、やがて一部のマニアたちの世界になっていく。

原因はいくつかあるが、大きくは、スコアラーたちが、あまりにもゲームにストイックになりすぎてしまったことではないだろうか。

例えば、知らない人間が全1（全国1位）になると、ゲーセンまで行ってそのプレイヤーに目の前でのプレイを強要したり、店に電話をかけて真偽を問い詰めたり……そういう話を聞いていた僕は、スコアラーの集まっている店には怖くて行けなかった。

スコアの世界がハードコアになっていくにつれて、一部の人たちの過激な行動が目立ち始めたのだ。もちろん全員がそうではないけれど、スコア文化は武道のように洗練される方向を望んだ部分がある。

とはいえ、2023年現在も、元『ゲーメスト』『アルカディア』の編集者やライターが立ち上げた「日本ハイスコア協会」が存在し、スコア文化はまだ死んではいない。インターネットのゲーム文化から生まれた、クリアまでの最速タイムを競うRTA（リアルタイムアタック）なども広義のスコア文化と言えなくはない。なにかのきっかけで、新たなスコア文化が盛り上がる可能性も、まだ残っている。

こうして、1990年代に入ると、シューティングゲーム＝スコア文化に代わるものが現れる。それが対戦格闘ゲームだ。

対戦格闘ゲームの台頭

１９９１年。17歳の春、僕はあるゲームと衝撃的な出会いを果たす。

それが、『ストリートファイターⅡ』だった。当時まだ対戦格闘ゲーム、いわゆる「格ゲー」というジャンルはメジャーではなかったが、その原型となるタイトルは無数に存在していた。

ベルトスクロールアクションの『ダブルドラゴン』（１９８７年）、もっと前だとプロレスゲームの『エキサイティングアワー』（１９８５年）。『イー・アル・カンフー』（１９８５年）。『空手道』（１９８４年）。そして『ストリートファイター』（１９８７年）。

ゲーム雑誌で『ストⅡ』の登場を知ったときから待ち続け、ようやく稼働しているのを目にしたときはそ

ストリートファイターⅡ　©CAPCOM

のかっこよさに痺れた。本物の格闘技のようなスピーディーな展開、多彩なキャラクターごとに設定された複雑で豊富な技。波動拳や昇龍拳コマンドの入力方法も独特で、最初は戸惑った。

しかし数ヶ月もすればみんな当たり前のようにキャラクターを操り、小さなゲームセンターも競うように大会を主催して、じわじわとシーンが盛り上がり始める。僕が初めて遠征（遠くのゲーセンに遊びに行くこと）をしたのも『ストII』がきっかけだった。

地元、墨田区のゲーセンのコミュニケーションノート（ゲーセンに置かれる、店への要望の伝達やプレイヤー同士の意見交換に使われたノート。当時はまだネットがなく、重要な情報源だった）に「下井草のほうに強い奴がいるぞ」と書かれているのを見て、初めて下井草に行ったのに会えなかったり……。そういうことがよくあったので、できる限り大会の日に行くようにしていた。

でも、強いプレイヤーと出会っても、どんなプレイをしてるのか見たいだけ。それなりに強ければ「君、強いね」というやり取りが生まれたかもしれないけど、残念ながら僕はそこまでのプレイヤーではなかった。

それでも、知らない人同士がゲーセンで対戦する風景は、『ストII』初期はまだ珍しいものだったので、わざわざ見に行く価値があったのだ。

よく年表などで対戦格闘ゲーム流行の始まりは『ストII』であると書かれているが、本格的に流行したのは『ストリートファイターII′』（『ストII′』／1992年）からではないだろうか。

高田馬場ミカド2階にはキャビネット型対戦台が並ぶ

『ストII』が出た当初は、対戦ではなくひとりで遊んでいる人ばかりだった。たまに対戦台があっても、横並びに筐体が配置されていた。このポジションでいきなり知らない人と対戦するのは、シャイな日本人の気質には合わない。

その常識を壊したのが「キャビネット型対戦台」という発明だった。

2台のキャビネット筐体を背中合わせに並べ、相手が見えないように配置することで対戦のハードルを低くしたのだ。この発明は、ゲームメーカーではなく福岡の「モンキーハウス」というゲームセンターによる。

ちなみに、現在ミカドのスタッフであり、僕よりも古くからゲーム業界にいる山岸勇によれば、東京での対戦台発祥は、下井草にあった「ヒノーズ」だという。その当時でもやはり「キャビネット型対戦台」の存在は珍しく、僕個人の観測範囲内でも、『ストII』が出るまではメジャーな存在ではなかった。


こうして『ストII』の出現と対戦格闘の流行によって「格ゲー」ブームが興り、ゲームセンターは80年代に続く黄金時代を迎える。豊かに育つアーケードゲーム文化に包まれながら青春を謳歌する僕だったが、高校時代の最後に、ある事件を起こしてしまう。

停学とゲーセンのバイト

高校も最後になってくると、周りは大学受験で忙しいが、僕はちがった。

高校3年生のある日、タバコを吸っているところを先生に見つかって、10ヶ月停学になってしまったのである。ほぼ1年、学校に行けないので、結局ゲーセンに行くか、家でギターの練習をする生活……自業自得だが、さすがに未来に不安が出てきてバイトを始めた。

もちろんバイト先はゲーセンだ。水道橋の小さな店。なにもしなくてもお客が来るので、店番とトイレ掃除ぐらいで本当になにもしなかった。それまでは、お金が欲しいから、もっと割のいい引っ越し屋で働いてることが多かったせいもあって、ゲーセンのバイトはかなり楽だった。

小中学生はほとんど見かけない。大学生と、営業をサボってタバコを吸いながらゲームをしているサラリーマンばかり。対戦台は横並び。学生が仲間内で台を占領しているとクレームが入ることもしばしば。

高校が終わって、周りが大学に進学するなか、僕は引き続きゲーセンでバイト。ゲーセンが「アミューズメントスペース」なんて言葉を使い始めたけれど、僕にとってはやっぱり「ゲーセン」は「ゲーセン」でしかなかった。水道橋界隈のゲーセンをうろついたり、初めてアキバの電気街口にできたゲーセン「ハイテクランド・セガ シントク」に入り浸ったりするうち、将来への不安も薄れていった。

この時代、新しい働き方として「フリーター」（フリーアルバイター）がもてはやされていた。

尾崎豊が「サラリーマンにはなりたかねえ」と歌ったように、これまでの昭和型の終身雇用制で縛られている会社員よりも、自由に働くフリーターのほうが輝いて見えた。バブルは終わっていたが、頑張って働くと月に26万円程度は稼げたので、経済的にはそんなに困窮しているわけではなかった。

しかし、周りはそうは思わなかったらしく、見かねた親に「知り合いの知り合いにゲームセンターをやってる会社があって紹介してやるから、お前就職したらどうだ?」と言われて、1995年の春先に初めて会社に就職することになる。ちょうど20歳の頃だ。

ゲーセン業界へ

紹介された会社の名前はアイモ。

アイモは僕の親の知り合いの会社で、元セガの営業担当が独立して作った、いわゆるアミューズメント機の販売会社だ。業界では「ディストリビューター」(卸売)と呼ばれるタイプの会社である。ディストリビューターは、ゲーセン業界にとって重要な存在だ。

セガ、タイトー、コナミなどの大企業は、小さな会社との取引口座が作れない。そういう企業のために筐体を販売して仲介料をもらう。要するに、メーカーとゲームセンターとの間に入ってアーケードゲーム機を売る流通業者だと思ってもらえればいい。

アイモは販売専門から始まった会社だったが、メーカーから筐体を買うに当たっては、まとまった額のお金が必要になる。そのお金を稼ぐために、自分のロケーション(店舗)でゲームセンターを始めるようになったのだ。ちなみに、ゲームセンター経営会社のことを「オペレーター」と言う。アイモはディストリビューター兼オペレーターというわけだ。

『ストII』が出た1990年代初頭から95年あたりは、まさに格ゲーブームの渦中。僕が就職したこの時期は、どんどんお店を増やしている状況で人が足りず、ノウハウもまだまだこれから固めていく感じだった。

バイトと社員では仕事の種類がまったくちがい、社員の僕はアルバイトの勤怠管理などの管理職的なことや、両替機を止めないように両替金を準備したり、売上の集金・集計をしたり、月内の予算から景品を仕入れる・仕入れないの判断などもしていた。

1995年はいま思い返してもゲーセンに熱気がある時代だった。

オウム真理教の地下鉄サリン事件、阪神・淡路大震災、エヴァンゲリオンブームなど、サブカルチャーと社会的な大事件がまじり合って、世の中が混沌と熱気にあふれていたこの時期、ゲームセンターでは、あるタイトルがとてつもないブームを巻き起こしていた。『バーチャファイター2』（1994年）である。

バーチャファイター2　©SEGA 1994

1993年に稼働を始めた『バーチャファイター』は、世界初の3Dグラフィック対戦格闘ゲームであり、ポリゴンと呼ばれる多角形を組み合わせたキャラが生み出す、リアル志向の世界観で数多くの「バーチャジャンキー」たちを生み出し、その人気は翌年に現れた『バーチャファイター2』で決定的なものとなる。

前作とは比べ物にならないほどなめらかなポリゴンの質感、反応速度、リアル感。それはこれまでのすべてのゲームを過去のものにしてしまう最新技術の塊だった。

バーチャブームは社会現象となり、新宿の「GAME SPOT21新宿西口」を筆頭に、有名ゲームセンターが「聖地」と呼ばれ、それぞれの地域のトッププレイヤーたちが遠征して戦う、まるでマンガみたいな状況が生まれていた。

テレビや雑誌などのメディアがそれをこぞって取り上げて、バーチャプレイヤーはまるで芸能人のようにもてはやされ、「トゥナイト」や「浅草橋ヤング洋品店」といった地上波のテレビ番組にも出演。彼らを題材にした大塚ギチのルポルタージュ小説『トウキョウヘッド 19931995』が新聞で取り上げられるなど、その人気は現在のプロゲーマーたちの比ではなかった。

トウキョウヘッド19931995

『ストⅡ』はこの頃もずっと売れ続けているロングセラーだったが、瞬発力では『バーチャ2』が勝っていた。

設置すればまちがいなく稼げるので、どこのゲーセンも欲しがったけれど、『バーチャ2』は発売当初、筐体と基板のセットで約100万円。販売方法はFAXでの注文（この業界はいまもFAXを使っているところがあるくらい古い体質なのだ）。注文が来ても、「与信」があるところに優先して販売していく方式だったため、納品してもらえないゲーセンも多かった。

ゲームセンター業界において「与信」は大事な概念なので、少し説明しておく。

一般的に与信といえばクレジットカードを作るときや、借金をするときにどのくらい信用があるのかを調査して「信用を与える」ことを指す。

だが、ゲーセン業界でいう「与信」とは、取引するにあたり、あらかじめメーカー側に預け入れたお金から決済するシステムのことだ。この額が多ければ、メーカーは安心して取引ができるので、必然的に「与信」の多い会社ほど、新作や人気のゲームの取引をするときに有利になる傾向があった。

特に『バーチャ2』のような超人気タイトルが出てくると、「与信」の重要性が高まり、結果的にこのシステムがどんどん強固になっていくわけである。

『バーチャ2』の面白さは、対戦プレイの速度と圧倒的リアリティにあった。これまでにない反応速度、ポリゴンテクスチャを使ったなめらかなグラフィック、まるで本当に相手を殴っているかのような臨場感。どれもが新鮮でスリリングだった。

僕は『バーチャ2』ブームの渦中にいて、当時、手取りで13万～14万円だった給料を『バーチャ2』で全部使い切ったこともある。基板が買えるくらいお金を注ぎ込んだが、後悔はしていない。

家で基板を買ってプレイすると、なぜかそれほど面白くない。家だと、電話が鳴ったり、画面に蛍光灯が映り込んだり、親の声がかかったり――環境のちがいのせいか、ゲームセンターでやるより気合いが入らない。100円を入れてスタートボタンを押すのと、いくらでもタダで遊べるのとでは、プレイの質がぜんぜんちがうのだ。

僕は『ストII』の基板を買っていたけれど、ひとりでコンピュータと戦ったってちっとも面白くなかった。ゲームはゲームセンターにあってこそ。対戦相手がいて、生身の人間とのコミュニケーションがあって初めてゲームは面白くなるのだ。

僕がゲームセンターにこだわるのは、この時代の体験が強く影響している。

ダメ社員として

ところで、アイモに就職した頃の僕はかなりダメな社員だった。社会人経験ゼロの奴が管理者になったので当然なのだが……。それにしても、遅刻は当たり前だし、態度は悪いし、いつも社長に怒られていた。

社長は僕みたいな人間を見ると、放っておけない、陰湿さがないカラッとした人で、みんなから頼られていた。しかし、その社長がよそから引っ張ってくる中間管理職は、なぜか陰湿でどうしても合わなかった。

だから、仕事は同僚に教わった部分も多い。ＰＯＰの描き方、メダルゲームのメダル排出率を決める「ペイアウト率」と、それによるゲーセン側の利益率（ハウスゲイン）の計算方法。機械の搬入出で使うロープの縛り方などなど……。

特に、メダルゲームの管理はゲームセンターにとってはかなり重要な仕事だ。

メダルゲームは稼ぎ頭だが、単純に筐体が高い。シングル（１人用）のポーカーなどは新品で40万〜50万円。マス（多人数用）のメダル落としや競馬ゲームは600万〜1000万円くらいする。しかし、その値段を払ってもメダルゲームコーナーを作るだけの理由がある。それは、安定したインカム率である。

　普通のビデオゲームは、飽きられたり古くなったりするとインカムが下がる。ところがメダルゲームは、なにもしなくても変化しない。大会もスコアもなしで、売上が安定している。

　なぜなら、メダルゲームは老若男女、初心者だろうがなんだろうが、なにも考えずに遊べるからだ。これが強い。

　とはいえ、メダルを出しっぱなしにしても儲からない。売上に対してペイアウト率が赤字になっていないかどうかでメダルの単価を決めるちゃんとした計算式が存在している。

　それが以下だ。

アイモ時代の著者

■ハウスゲイン（以下ＨＧ）

ＨＧ算出方法

メダルＩＮ－メダルＯＵＴ＝ＨＧ

例　メダル機１台

１００、５８７枚－７９、６６８枚＝２０、９１９枚

現金機ＨＧ算出方法（簡略）

（１００円貸出枚数×１００円売上枚数）－メダルＯＵＴ＝ＨＧ

例　パチスロ等の現金機１台

（１００円７枚×１５０枚）－８００枚＝２５０枚

メダルゲームの売上は『メダル貸機の売上』ではありますが、アミューズメントはメダルの預かりシステムがありますので、貸機だけの売上では純粋な「利益」が数値として見えないのです。そこでメダルコーナーの利益を計算する方法として、ＨＧ計算が用いられます。

個々のメダル機のＨＧ算出は上記の計算式で算出しますが、コーナー全体でのＨＧ

計算は少し複雑な計算が必要です。
HG＝コイン利益
P／O＝ゲーム機の払出率

ハウスゲインというのは、ざっくり説明するとお店の取り分の計算方法だ。このように、メダルゲームは少々複雑な計算が必要になる。

ちなみに右記は、日本のアミューズメント産業の先駆けである、「シグマ」という会社が作った運営マニュアルを参考に作成した、ミカドのマニュアルの一部である。

シグマは１９７４年、シグマ商事株式会社として設立された会社で、ラスベガスなどで使われていたスロットマシンを輸入し、メダルゲームという新しいアミューズメント産業を作り出した。

社長である眞鍋勝紀の著作『これからますます四次元ゲーム産業が面白い――時間消費ビジネスをリードする』（１９９８年）を読むと、いまでもその思想に触れることができる。とにかくパワフルで、ザ・昭和の経営者といった感がある。

シグマは２０００年にアルゼグループに入り、アドアーズと改称してるので、そっちの名前で知っている人のほうが多いかもしれない（現在はワイドレジャーに吸収合併されている）。

UFOキャッチャーについて

メダルゲームとともにゲーセンに欠かせない『UFOキャッチャー』についても話しておきたい。

時をさかのぼること1985年。この年、初代『UFOキャッチャー』が作られたが、本格的にヒットするのは、筐体に青いハリネズミの人気キャラクター「ソニック（・ザ・ヘッジホッグ）」が描かれていた『NEW UFOキャッチャー』（1991年）だった。

なぜこれがヒットしたのか？

それは3つの要素が絡み合っている。

まず、バネを含めて細かくアーム調整ができるようになったのと、フィールドが広いぶん景品を多く置けるため、見栄えのよかった点が挙げられる。

さらに、この時期にバンダイがコアランドテクノロジーという会社を買い取って、バンプレストを立ち上げ、「ルパン三世」のフィギュアやライターなど、キャラクターを使ったプライズ（景品）機専用の景品を作り始めた（ちょうど景品の値段が800円に上がったのと同時期だった）。

この3つの要素が上手く噛み合い、ユーザーのニーズに応えた『UFOキャッチャー』及びクレーンゲームは、一気にゲームセンターの主戦力となっていった。

NEW UFO キャッチャー®　©SEGA
※UFO キャッチャー®、UFO CATCHER®は株式会社セガの登録商標または商標です

これら『UFOキャッチャー』などのプライズ機も、景品を原価率何%で設定するかによって利益が変わってくる。当時の多くの店舗は原価率を30～35%ぐらいにしているところが多く、だいたい800円の景品を1個出すには2400円を入れないといけなかった。

僕がアイモに入ったときは、売上がよかったからそのへんが適当だった。会社は経理で帳簿をつけないといけないからザルでは成り立たない。なにも考えずにやると、赤字を垂れ流して終わってしまう。

以下は景品原価率・景品在庫設定のための、ミカドのマニュアルの一部である。

■景品原価率

景品単価 ÷ 景品売上 = 景品原価率

例　景品1個に対しての目標獲得金額を計算した場合。

800円 ÷ 2,600円 = 30・7%

※2023年現在は景品単価上限は1,000円

例　総売景品原価率

120,300円 ÷ 280,200円 = 42・9%

総売景品原価率が『25%』を下回る場合、お客様には〝取れないお店〟のイメージを与える為景品原価率を25%以下にすることは望ましくないです。

ただし、人気景品を20%で抑え、その他の景品で景品原価率を底上げする事は、売

上を上げる必要な手段です。
その場合であっても〝極端な原価率の低下〟は望ましくないです。（競合他社にお客様が流れる為）
1週間単位で総売景品原価率は『33％』が利益率・顧客満足度を保つ業界ではベンチマークとなっています。

■景品在庫

景品の在庫は倉庫容量にもよるが概ね『3週分』を目安とする。

景品の人気・不人気にも左右されるが、景品は基本『生もの』である事を認識し、売上を分析して売れる内に売り切るようにします。

不人気景品はなるべく『現金』に代える事が重要で、倉庫に眠らせるよりも『イベント』や『原価率を上げ』お客様に持って帰って頂く事で消化します。

極端な話、イベントでタダで配ってでも、他の景品獲得に使うお金に変えても良いという事です。

当時は景品の原価率もなにもわからず、100円で取られたりしていたので、赤字になってしまうこともあった。しかし、一律に2400円で1個出すような流れにしても「まったく取れない」と思われてしまう。アームで景品は動くが、途中で落っことす、でもちゃんと動いたからゲームをやった気になる――という、このさじ加減にお店のノウハウがあった。

しかし、いまの機械は確率機が多く（何回かに1回アームの強さが変わったり、あらかじめ機械側で確率を設定できるマシン）だから、そのノウハウはあまり必要とされない。当時は確率でペイアウト率を調整することができなかったため、自分たちでバネをいじってアームの力を調整していたのだ。

対戦格闘ゲームの流行

話を戻そう。

『ストII』から始まった格ゲーのブームは、『バーチャ2』を経て、1990年代半ばにピークを迎えた。

『ストリートファイターZERO』や『ヴァンパイアハンター』（ともに1995年）、『ヴァンパイアセイヴァー』『鉄拳3』（ともに1997年）など、新しいゲームを入れれば、朝から人が並んでいて開店するとすぐに入ってプレイ。いまとなっては信じられないことだ。

ロケテスト（説明は後出）ですごいなと思ったのは『ザ・キング・オブ・ファイターズ'95』（『KOF'95』）だ。1P側、2P側でそれぞれ2万5000円ずつを毎日稼いだのには驚いた。

僕の働いていたアイモの大宮オリンピア店でも朝から人だかりができて、「こんなに人が来るんだ！」と感動するほどだった。オリンピアには『KOF'95』が他店よりも1週間早く入ったので、『KOF』好きの埼玉県民がすべて大宮に集結するような状況だった。

ところで、なぜ新しいゲームが先に入荷される店と、遅い店があるのか疑問に思うかもしれない。実はこれには事情がある。要するにメーカーに与信（預け金）を多く入れている会社は、ゲーム開発の最終検証として筐体を先に回してもらえるのだ。「インカムロケテスト（ロケテスト、ロケテ）」という言い方をするが、実質は先行発売だ。僕のいたアイモはメーカーの信用もあって、よくロケテをやっていたというわけだ。

こうしてまだまだ続くと思われた格ゲーブームだったが、あるゲームの登場によって陰りが明らかになり始める。

対戦格闘ゲームの衰退

格ゲーブームに陰りが見えてきたのは、確実に『バーチャファイター3』（1996年）の時期だ。

ゲームセンター業界の内部にいて毎日売上を見ていた僕にとって、それははっきりと数字で読み取れるものだった。

さきほど述べた『KOF'95』はロケテで1日5万円のインカムだったが、『バーチャ2』はどんな日でも普通に1日5万円以上稼ぎ、それが『バーチャファイター2.1』が出る1995年9月まで続いた。

その後、売上が下がり始めて、1クレジット50円で稼働する店が増え、お客さんが分散するようになるが、それでもやはりここまでヒットしたゲームは見たことがない。

それゆえにゲーセン業界としては、『バーチャ２』に続く１９９６年の『バーチャ３』への期待は非常に高かった。

ところが、稼働してみると筐体が１００万円するのに『バーチャ２』より売上が振る

ザ・キング・オブ・ファイターズ '95

バーチャファイター３　

わない。ゲーム性が変わったこともあって、ファンも少しずつ離れていき、なんとなく雰囲気が盛り下がっていった。

この時期に出た対戦格闘ゲーム――SNKの『リアルバウト餓狼伝説スペシャル』（『RB餓狼SP』／1997年）や、『ザ・キング・オブ・ファイターズ'97』（『KOF'97』／1997年）。カプコンだと『MARVEL VS. CAPCOM CLASH OF SUPER HEROES』（『マヴカプ』／1998年）や『ストⅢ』なども、思ったほどにはインカムが入らず、徐々にシーンの熱気が冷めていくのがわかった。

しかし、その後も『バーチャファイター4』（『バーチャ4』／2001年）や『鉄拳5』（2004年）、『ギルティギア』シリーズ（2000年～）など、ピンポイントで人気タイトルが現れたことに救われ、格ゲーシーンは2000年代前半まで上昇と下降を繰り返した、というのが現場の感覚だ。

いま思い返してみても、1997年から99年までの2年は、対戦格闘ゲーム黄金期の終焉であるとともにゲームセンターの転換期でもあった。

番外編　インカムトップのゲーム

ゲームセンターで最もインカムを稼いでいるゲームがなんなのか、誰もが気になることだろう。

さっそく発表するが、池袋ゲーセンミカド、地下1階ビデオゲームコーナーのインカムトップタイトルは『上海Ⅱ』（1989年）である。『上海Ⅱ』はランブルプラザの時代から数十年間、1週間平均で2万円という金額を稼いでいる。

30年以上前のゲームなのにこの稼ぎは驚異的だが、実は業界人にとってはそれほど驚くことではない。なぜなら『上海Ⅱ』のインカムのよさは、発売当時からずっと続いているもので、ゲーセン業界内では周知の事実だからだ。

重要なのは、続編の『上海Ⅲ』や『上海 万里の長城』、『スーパー上海ドラゴンズアイ』といったさまざまなバリエーションが存在するものの、常に高インカムなのは『上海Ⅱ』のみという事実だ。

もちろん他の『上海』シリーズも決してインカムが悪いわけではない。基本ルールは全部同じだ。なのに、なぜか『上海Ⅱ』だけが突出している。その証拠に『上海Ⅱ』は中古基板の価格が、他の『上海』シリーズよりも割高となっている。

『上海Ⅱ』は他の『上海』となにがちがうのか？　これは僕の個人的な見解だが、このゲームが「上海＋暗記ゲー」になっているからではないかと考えている。

『上海Ⅱ』はスタート時に、牌がランダムに積まれるが、そのときに順番に積まれる様子を見ることができるのだ。つまり、この時点で牌の位置を暗記すれば、クリア確率を上げることができるわけだ。

『上海Ⅱ』の売上面について、もう少し考えてみたい。

本作がリリースされた1989年といえば、『鮫！鮫！鮫！』『グラディウスⅢ 伝説から神話へ』『R-TYPE Ⅱ』といった激ムズシューティング三羽鳥もリリースされた年だ。この三羽鳥が30年間休まずに稼働し続けているという話は聞いたことがないが、『上海Ⅱ』は30年間稼働し続けている。だとしたら売上はいくらになるのか……池袋ミカドでの『上海Ⅱ』1台当たりの1週間平均2万円という売上をベースに試算する。

365日÷7日間×売上2万円＝約104万2857円

この年収に当時から稼働していた前提で稼働年数を掛けてみると……。

約104万2857円×30年＝約3100万円

3100万円！　つまり『上海Ⅱ』の基板と適当な汎用筐体を揃えて稼働させれば、3000万円くらいのマイホームを30年の住宅ローンで購入できる計算となる。

たかだか筐体1台分のスペースで1年間に104万2857円、リリース当時から休まず30年稼働して3100万円という数字は驚異的だし、『上海Ⅱ』は時代の移り変わりやゲームの流行《はや》り廃《すた》りとはあまり関係のないタイトルゆえ、おそらく今後も同じペースでジリジリとインカムを稼いでいくはずだ。

現在、『上海Ⅱ』が全国のゲーセンで稼働している数を仮に200台と想定し、30年後の日本国内のゲーセン業界にどれだけ貢献するのか売上を試算してみよう。

約104万2857円×30年×200台＝約62億5700万円

もはや国家予算である。『上海Ⅱ』はゲーセンどころか日本経済を支え続けていると言っても過言ではない……というのは話半分だとしても、62億円だ。開発会社サクセスの吉成隆杜社長が知る由もないところで莫大なお金が動くのだ。

我々にとって『上海Ⅱ』の基板はありがたい存在であり、吉成社長に足を向けて眠ることなどできない。地味ではあるが、プレイヤーの老若男女を問わない『上海Ⅱ』のようなタイトルこそが、実はゲーセンを陰ながら支えているのだ。

STAGE 2

衰退の時代

1997－2005

年	主なアーケード作品（開発会社、販売会社など）	その他の関連事項
1997	バーチャファイター3tb（セガ）、ヴァンパイアセイヴァー（カプコン）、鉄拳3（ナムコ）、ストリートファイターⅢ（カプコン）、リアルバウト餓狼伝説スペシャル（SNK）、ザ・キング・オブ・ファイターズ'97（SNK）、電車でGO！（タイトー）、怒首領蜂（ケイブ）、ビートマニア（コナミ）	たまごっちブーム／消費税5％
1998	エアガイツ（ナムコ）、MARVEL VS. CAPCOM CLASH OF SUPER HEROES（カプコン）、ポップンミュージック（コナミ）、ダンスダンスレボリューション（コナミ）、電車でGO！2 高速編（タイトー）	ドリームキャスト発売／プリクラと音ゲーブームによって、女性客が増加
1999	ストリートファイターⅢ 3rd STRIKE（カプコン）、ビートマニアⅡDX（コナミ）、ギターフリークス（コナミ）、ドラムマニア（コナミ）、ダービーオーナーズクラブ（セガ）	『ゲーメスト』廃刊／『アルカディア』創刊／ワンダースワン発売／NTTがiモード開始
2000	CAPCOM VS. SNK MILLENNIUM FIGHT 2000 PRO（カプコン）、GUILTY GEAR X（アークシステムワークス／サミー）、キーボードマニア（コナミ）	プレイステーション2発売
2001	CAPCOM VS. SNK 2 MILLIONAIRE FIGHTING 2001（カプコン）、バーチャファイター4（セガ）、鉄拳4（ナムコ）、湾岸ミッドナイト（ナムコ）、太鼓の達人（ナムコ）、機動戦士ガンダム 連邦vs.ジオン（カプコン）、フォーチュンオーブ（コナミ）	歌舞伎町ビル火災／ゲームキューブ発売／ALL.Net サービス開始
2002	麻雀格闘倶楽部（コナミ）、頭文字D ARCADE STAGE（セガ）、ワールドクラブチャンピオンフットボール（セガ）	Xbox発売／FF11／マンガ『アーケードゲーマーふぶき』

2003	アヴァロンの鍵（セガ）、甲虫王者ムシキング（セガ）、クイズマジックアカデミー（コナミ）、麻雀格闘倶楽部2 日本プロ麻雀連盟ver.（コナミ）	フセイン政権崩壊／新型肺炎（SARS）が流行／対戦格闘ゲームの全国大会「闘劇」開始
2004	湾岸ミッドナイト MAXIMUM TUNE（セガ）、Quest of D（セガ）、オシャレ魔女♥ラブ and ベリー（セガ）、鉄拳5（ナムコ）	ニンテンドーDS発売／PSP発売／梅原大吾による「背水の逆転劇」
2005	三国志大戦（セガ）	「YouTube」運営開始／PSPのモンスターハンター ポータブルがヒット

入社後の退屈とプリクラ、音ゲーブーム

アイモに入社して2年後、僕は退屈していた。

『バーチャ2』のブームは終わり、『バーチャ3』は一部の聖地をのぞいてそのブームを牽引できずに失速。格ゲー好きの僕にとってはもどかしい時期が続く。

対戦格闘ゲームの時代が、あきらかにひとつの節目を迎えようとしていたとき、女子高生という新たなユーザーがゲームセンターに現れた。

彼女たちが求めていたのは『プリント倶楽部』――通称「プリクラ」だった。

『プリント倶楽部』(1995年)は、簡単なCCDカメラ(電子カメラ)とモニタを組み合わせ、撮影した画像を小さなシールにしてプリントする筐体で、アトラスの女性社員のアイデアで作られた。テレビ番組「愛ラブSMAP!」がメンバーのプリクラをプレゼントしたことからブレイクしたと言われ、ヒット商品ランキングを賑わせた。僕が覚えている限りでは、1日のインカムは3万~4万円と、かなりよかった。

プリクラブームが来ると、すぐにいろいろなメーカーが似たような機械を出して、プ

リクラハウスというプリクラだけの運営形態が原宿などに現れた。そうなると、普通に置いてあるだけだと稼げずに、結局は一極化してしまう。

『プリント倶楽部』の開発元であるアトラスが、ゲーセン以外の駅やコンビニなどにも筐体をレンタルし始めると、とたんにゲーセンの売上は落ちてしまった。

しかしプリクラに続いて、新たなるゲーセンの救世主が現れる。それが音楽・リズムゲーム、通称「音ゲー」だった。

プリント倶楽部®　©SEGA
※「プリント倶楽部®」および「プリクラ®」は、株式会社セガの登録商標です

DJブースを模したターンテーブルと5ボタンをリズムに合わせて叩く『ビートマニア』（1997年）から始まり、翌年の『ポップンミュージック』『ダンスダンスレボリューション』（1998年）、次に『ギターフリークス』『ドラムマニア』（ともに1999年）、『キーボードマニ

ビートマニア
©Konami Amusement

ポップンミュージック
©Konami Amusement

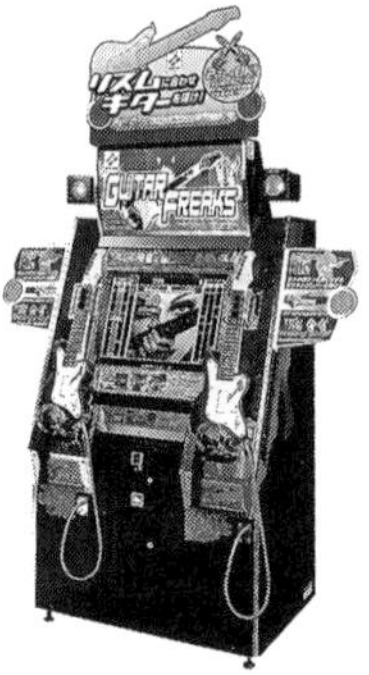

ギターフリークス
©Konami Amusement

ダンスダンスレボリューション
©Konami Amusement

ドラムマニア
©Konami Amusement

ゲーセンの救世主となったコナミの「音ゲー」たち

ア』（２０００年）など、コナミが開拓した「音ゲー」というジャンルは、格ゲーブーム低迷のなか、プリクラとともにゲーセンに吹いた「神風」だった。

「音ゲー」は若手プレイヤーの参入をうながし、これ以降、ゲームセンターの一角を占める重要なジャンルとして定着していく。

そういえば１９９７年の印象的なヒットゲームとして、『電車でＧＯ！』がある。

１９９５年以降、ゲームのグラフィックはポリゴンや３Ｄに移行していた。

セガとナムコは１９８０年代の後半からポリゴンの技術開発をしていたため、この２社の３Ｄゲームは最初から完成度が高かった。

電車でGO！　©TAITO CORPORATION

タイトーはそれに追いつこうと、『電車でＧＯ！』の前にもいくつか３Ｄゲームを作ったものの、完成度の点では及ばなかった。セガとナムコの技術には追いつけない、基板の性能もよくない……そこでタイトーが逆転の発想で作ったのが『電車でGO!』だった。

電車を「止めるだけ」のルールなのに、それがゲームとしてちゃんと成立している。コントロールのパネルにもこだわっていて、ちゃんと電車のブレーキっぽい。これがウケた。

『電車でGO!』は非常にインカムがよく、当時60万円くらいで筐体を仕入れて、調子がよければ1日に2万円くらいコンスタントに稼いでくれるゲームだった。

『電車でGO!2 高速編』(1998年)が出ると少し売上が下がったものの、初代の筐体を買っていれば、コンバージョンキットを十数万円で買うだけで『~2』に中身を入れ替えられるなど、オペレーターのことも考えた、良心的なゲームだった。


いくつかのヒットはあるものの、じわじわとゲーセンからビデオゲームが減り、プライズ機やプリクラが増えていく。その現状を横目に、ビデオゲームが好きな僕は釈然としない気分だった。

プライズ機が儲かるのはわかる……わかるのだが、個人的にはやはりビデオゲームを置きたい……でもそれでは経営的に無理があるのもわかる。

時代の流れに乗れないまま働くことに悩んだ結果、僕は退社して、まったく別業種の不動産会社に転職することにした。いきなり「辞めます！」と告げても、社長は動揺せず「まあ頑張れよ」と言っただけで、同僚たちも引き止めなかった。そういうドライなところが僕にはありがたかった。

しかし、結局やりたくない仕事は続かず、２年で退社することに……ゲームばかりやってきた人生なので、ゲームのない環境では体調が悪くなってしまうらしい。そして僕はまたゲームセンター業界に戻ることになる。

二度目のゲーセン業界

僕がアイモの次にお世話になった会社は「ジーエム商事」という、アイモと同じくディストリビューター（卸売）兼オペレーター（ゲームセンター経営）の会社だった。業界紙に毎月広告が載っていたので見覚えがあった。アイモより規模は大きく、「ファンファン」というゲーセンの経営もやっており、店舗も、総武線沿線の秋葉原、新小岩と、自宅から通いやすい。

書類で応募して面接に行くと、業界内の知り合いも多く、即戦力として採用され、船橋と新小岩と秋葉原の各店舗と「大慶園」（千葉県市川市）に、それぞれヘルプで入ることになった。

大慶園は２０２３年の現在も、24時間営業の夜遊びスポットとして有名だが、この時代、屋内カート場とゲームコーナーの２棟があって、カート場併設のゲーム機（４００台以上）をジーエム商事がレンタルで運営していたのだ。


仕事の内容はアイモと似ていたが、ジーエム商事にはマネージャーの上司がいたし、売上を上げるためのマニュアルもあり、金銭管理もしっかりした会社だった。

仕入れに関しても、３月の決算が終わったあとに店長が新年度12ヶ月分の売上予測を立て、そこから景品と機械の仕入れ予算として20〜30％分を各月に割り振って、上司に伺いを立ててＯＫをもらってからようやくお店の運営が始まる。

現場がしっかり数字を把握していないといけなくて、「あの『ＵＦＯキャッチャー』は売上いくら入ってんの？」と聞かれてパッと答えられないとダメ出しをされた。

新しいゲーム筐体が欲しいと思ったら、１日、１週間、１ヶ月の売上予想をちゃんと立てて提案し、予算内で運営する。

全体の売上はジャンルで分けられており、例えば70％がプライズ機、15％がビデオゲーム、残りの15％が大型筐体だとしたら、プライズ機売上の30％ぐらいを景品代と決め、その予算内でしか景品を買えない。

普通の会社としては当然のことなのだが、当時の僕にとっては初めて知ることばかりだった。

月刊アルカディア

この年、僕が就職してすぐに、アーケードゲーム雑誌『ゲーメスト』が出版社の倒産で廃刊になったのはショックだったが、それに代わるアーケードゲーム雑誌『アルカディア』が創刊されたことにも驚いた。

『ゲーメスト』が『週刊プロレス』だとするなら、『アルカディア』は『週刊ゴング』で、なるべく中立的で冷静な視点を保とうとしているように見えた。

一部のゲームセンターが「聖地化」する状況が加速

していったのもこの時期で、それはお店の運営にも関わることだった。

例えば聖地といわれる店が毎週月曜日に『ストⅢ 3rd』の大会をやるとなると、他のお店はその日を避けることが多かった。人気店舗のお客を奪うことになるし、なんらかのしがらみが発生してしまうからだ。

「この日は『KOF』の大会をあそこでやってるから、こっちはちがう曜日にやろう」と、他店舗のことまで考えて運営する時代だったのだ。

僕はそれが嫌だった。ゲームをやりたいのはお客さんであって、彼らを店舗のしがらみに巻き込むのはちがう。もっと自由にやればいい——そう考えていたので、のちにミカドでは、「初心者だけ来てください」とか、なにかしらの体裁を整えて好き勝手にやることになる。


ヘルプで経験を積み、僕は2001年から、店長としてあちこちの店に配属されることになる。

最初の仕事場であるファンファン一之江店は、国道14号沿いにある郊外店で200坪ぐらいあった。利益に厳しいスタイルの会社だったので、儲からないビデオゲームはほとんど店に置かれなかった。僕がジーエム商事に在籍した5年間は、上司に一度も「ビデオゲームが大好きなんです」と言ったことがなかった。

ロードサイドのゲーセンは、土日のファミリー客がメインターゲットになるため、一般の人間が遊べるようなプライズ機とかメダルとか、どうしてもそういう機械構成になってしまう。

その風景はいまも昔も変わらないが、当時はパチスロ業界に勢いがあった。4号機と呼ばれる機種がヒットして、アルゼの『アステカ』『ビーマックス』『サンダーV』『オオハナビ』『ドンちゃん2』……パチスロをやらない僕でもパッと名前が出てくるぐらい有名なそれらを、アミューズメント用に改造したものが人気だった。

パチスロ機はサイズが小さいから台数も置ける。それでいて値段も10万〜20万円台で買えたので、投資効率がいい。そうした理由で多くのゲーセンが店内に小さなパチンコ店のようなコーナーを作り始めた。

確率機と呼ばれるプライズ機が出始めたのもちょうどこの頃だ。『ファンシーリフター』『ブブトンアタック』――どんな人でも景品の原価率を守れるし、完全確率か累積確率かを選べる。例えば累積確率の設定にすれば、6万円入ったら勝手に景品が出る。中に入っている基板が「もう十分お金が入った」と認識すると、そこで当たりに止まるというわけだ。

ネットワークシステムの登場

サラリーマン時代の僕の休日の過ごし方は、ビデオゲームが置いてある大きなゲーセンに行く、だった。秋葉原だとトライ（「トライアミューズメントタワー」）、あとはオープンしたばかりだったＨｅｙにもよく行った。

トライは１９９５年にオープンした８Ｆ建てビルのゲーセンで、レトロゲームが多く置かれていた。『グラディウス』コーナーに上手いプレイヤーがいて、超絶プレイを披露していたので、僕はそれを目当てに遊びに行くことが多かった。

そんななか２００１年、突然オープンしたのがＨｅｙだ。多くのゲーマーたちは長年馴染んだトライで満足していたため、最初はお客があまり入っていなかった。メダルコーナーも閑散としていたので、「大丈夫かな？」と思ったくらいだ。

ところが夏に状況が一変する。

対戦格闘ゲーム復活の兆し、『CAPCOM VS. SNK 2 MILLIONAIRE FIGHTING 2001』（『カプエス２』／２００１年）、『バーチャファイター４』『鉄拳４』（ともに２００１年）が一気に現れる。Ｈｅｙがその３タイトルのロケテをやったことで流れが変わった。最初の『カプエス２』のロケテではフロアにお客が入り切らないほどお客がつめかけた。そのうち他のフロアもビデオゲームになり、どんどん人が入っていく。トライのお株を奪うようにレトロゲームも置かれるようになり、そうなると逆にトライから人が減っていく……。

秋葉原の「Hey」

　ゲームひとつで人の流れが変わってしまった。これは対戦格闘ゲームに強烈な魅力があった時代ならではの風景だった。

　僕はこの時期に出るビデオゲームはほとんどやっていたが、特に好きだったのは『バーチャファイター４』だ。この筐体はネットワークサ

バーチャファイター4　©SEGA, 2001

ービス「VF.NET」を使うことで、磁気カードにプレイヤーネーム、段位、装備アイテム、連勝記録などを記録することができた。

VF.NETはモバイルを含めたゲーム内のサービス名称で、これを支えているインフラが「ALL.Net（オールネット）」だ。これは現在のゲームセンターにおいて非常に重要な存在なので、少し詳しく説明する。

先に述べたとおり、ALL.Netは、セガが提供するネットワークサービスで、アーケードゲームをインターネットでつなぐことにより、通信対戦や、全国ランキング、プレイデータの保存を可能にするシステムだ。

1998年頃からインターネットが一般家庭に普及し始め、99年2月にNTTドコモがiモードのサービスを開始。世の中に通信革命が起き始めようとしていた時代、ゲーセンもそれに対応するように通信対戦や、カードシステムで時代に追いつこうとしていた。

２０００年頃から、セガはアミューズメント施設のさらなる発展を目指し、店舗をネットワークでつなぎ、イベントを開催したり、回線を通じて端末機にゲームをダウンロードしたりする「エンターテイメント・ステージ net@」という構想を抱いていた。当時プロジェクトを立ち上げた未来研究開発部の兼安時紀部長は、インタビューでこう語っている。

――ゲームがデータ化されるとなれは《ママ》、業界全体も変化しますね。

兼安　基板など物を作る必要が無くなるので、流通が大きく変わるでしょう。メーカーは開発したゲームをサーバーに登録すれば良いのです。コストダウンになるし、バグがあっても夜中にバグフィックスしてしまえばよい。営業マンがＲＯＭや重い基板を抱えて歩く必要がなくなります。

さらに、ゲームがダウンロードされた回数に応じて、収益がメーカーに支払われるという課金システムも構築できるでしょう。ダウンロード数に比例して利益が出るのです。在庫問題のない効率的なビジネスができるのでベンチャーも育ちやすくなります。アーケードゲーム業界が、産業のいろんなことを変えていく一歩になるかもしれません。

——プロジェクトの名の由来は?

兼安 仮称「エンターテイメントサイバースペース(ec-s)構想」でしたが、このプロジェクトでアミューズメントが次のステージになるとともに、誰もが主役になれるという意味で、エンターテイメント・ステージとしました。net は高速環境ネットワーク、@は場所を示します。


(『アルカディア』2000年8月号より)


こうした記事を読んで、僕らゲームセンター業界の人間は、「なるほど、ALL.Net を使ってゲームを基板にダウンロードするのか。面白いな」と話し合っていた。実際には ALL.Net とこの構想は別のものだったのかもしれない。しかし、そう期待させるような大きな変化だったのだ。

……ところが、まさかこの一連の流れが結果的にゲーセン衰退の大きな要因になるとは、このときまだ誰も気づいていなかった。

通信対戦といえば『機動戦士ガンダム 連邦vs.ジオン』（2001年）は外すことができないタイトルだ。『電脳戦機バーチャロン』（1995年〜）の煩わしいところを省いて遊びやすくしたゲームで、それでいてIP（ゲーム業界ではキャラクターやタイトルを指す）はガンダム、しかもカプコンが作ってるから面白くないわけがない。この『機動戦士ガンダムvs.』シリーズは、インカムもよく、20年続くゲーセンの定番タイトルとなった。

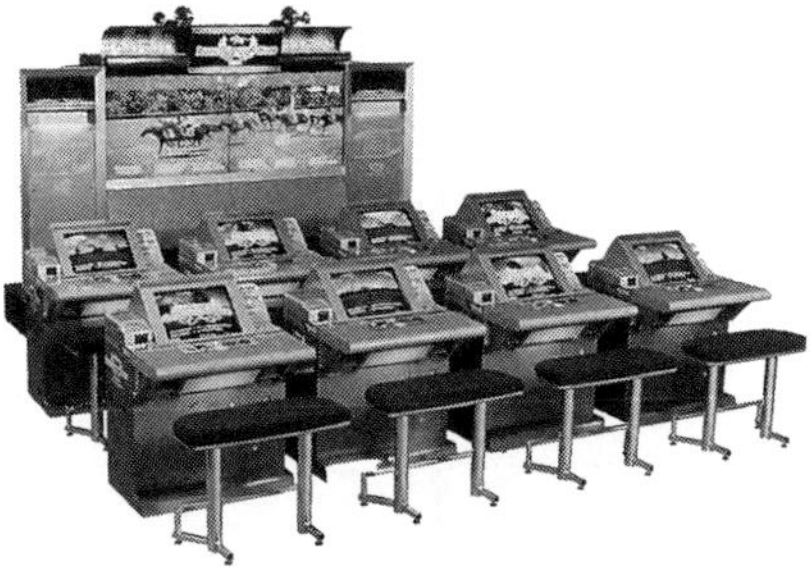
ダービーオーナーズクラブ　©SEGA

2000年代は「磁気カードにプレイヤーデータを保存できるようになったシステム」と「ゲーム内で使用できるトレーディングカードがプレイ毎に排出されるシステム」によるカードシステムのヒット作が現れた年でもあった。

『ダービーオーナーズクラブ』（1999年）から始まり、『麻雀格闘倶楽部』『ワールドクラブチャンピオンフットボール（WCCF）』（ともに2002年）、『アヴァロ

アヴァロンの鍵　©SEGA

三国志大戦２　©SEGA

ンの鍵』（2003年）、『三国志大戦』（2005年）など。

トレーディングカードを使った通信ゲームについて、ゲーセン側はプレイヤーより、「掘り師」との付き合いに頭を悩ませていた。「掘り師」とは、ゲーム内で得たレアなカードを中古買い取りに持っていく、いまでいう転売ヤーのような存在だ。

「掘り師」が来るとインカムが上がるため、カードゲームに関しては「掘り師」を何人集められるかが売上に関わってくる。おかしなことだが、ゲームの面白さとは関係なく、ゲーセン側は「そのカード自体にどれだけの価値があるのか」「掘り師が何人来るのか」を考えなくてはいけなくなった。

ところが、２０１０年が過ぎたあたりで、「プレイヤーのデータを記録するカード」と「ゲーム内で使うカード」が紐づけされるようになって、カードが売買できなくなってしまった。その途端、この手のタイプのゲームを遊ぶ人が一気に減ってしまった。「掘り師」対策とはいえ、まさにことわざの「角を矯めて牛を殺す」そのものだった。一からゲームを始めたい人からすると、中古屋で強いカードが買えるのはハードルが下がってよい面もあったのだが……。

他にもこの時期のヒット作として『甲虫王者ムシキング』（２００３年～）がある。このゲームは、筐体はレンタルで、売上の70％ぐらいをメーカーに入金しなければいけない上に、カード代はゲーセン持ちというビジネススキームだった。

つまり最初に約３万円のカードを１箱買い取って稼働させ、そのあとインカムの７割

甲虫王者ムシキング　©SEGA

を持っていかれるわけだ。流行ってはいたが、ゲーセンが儲からない。

しかもセガと取引するにあたり、あらかじめメーカーにお金を入れてそこから決済する与信の額が、ある程度以上ないとレンタルできないため、小さい会社はセガから筐体を借りられなかった。ちなみに『オシャレ魔女♥ラブ and ベリー』（『ラブベリ』／2004年〜）も同じだ。

退職、そして起業

プライズ機の流行も落ち着いてきた2004年、僕は転勤を命じられる。

転勤先は首都圏の大型店舗だったが、やはりビデオゲームがメインのロケーションではなかった。

ゲーセンの業務は嫌いじゃない。だけど、自分がやりたいゲーセンはこういうのじゃないんだよな……やっぱりビデオゲームが並んでないとゲーセンじゃないよな。と、どこか釈然としない気分になった僕は、思い切って独立することに決めた。スタッフだった沼尻くんと広瀬くんに「お店やりたいから会社始めちゃおうか」という話をして、株式会社を立ち上げることにしたのだ。会社の名前は池田、沼尻、広瀬の頭文字を取った。これが現在、ミカドを経営する株式会社ＩＮＨだ。

しかし威勢よく会社を辞めたものの、誤算があった。

父の会社を社名変更という形で引き継ぎ、すぐにゲーセンを始めたかったが、予算が最低でも２０００万円ぐらいかかることが判明し、銀行と交渉したがどうしても融資が下りなかった。

そこで、仲間内で話し合い、ゲームのサントラやＤＶＤを作る仕事を思いついた。『バーチャ』の大会ビデオや、ハイスコアラーのビデオを集めるのが好きだったのと、一緒に独立した沼尻くんが動画の撮影・編集に関するノウハウを持っていたのが理由だ。

当時はDVDバブルのような状況で、攻略DVDが数万枚単位で売れているという話もあったので、「ゲーム系DVDは売れるんじゃないか？」という話になり、そこから攻略DVDを作ることになった。サントラCDに関しては僕が昔バンドをやっていたので、ノウハウを持っていた。

高田馬場ミカド1階にある「バトルガレッガ」

いろいろなメーカーに営業に行って企画書を出したが、実績がないせいか、最初はぜんぜんOKが出なかった。せっかく会社を辞めて独立したのに、まさかこんなことになるとは……さすがに焦ったが、そんななか、『バトルガレッガ』（1996年）というゲームを出しているエイティングがOKを出してくれた。

権利使用料200万円＋制作費が200万円くらい。ここでもまた困った……そんな大金はない。仕方ないので、銀行へ相談に行くと、企画を聞いた担当者がなんとか融資してくれた。

『バトルガレッガ』はサウンドトラックが入手しづらい状況で（1996年8月発売の『ゲーメストビデオ Vol.27』付属CDのみ）、復刻の要望が高い作品だった。

当時は「たのみこむ」というサイトがあって、どのぐらいの要望があるのかを数字で見ることができたため、この数字なら「たのみこむ」も一緒に宣伝・協力をしてくれるんじゃないかと考え、営業に行くと「ぜひやりましょう」となり、攻略DVDとサントラをセットにした『INSANITY DVD THE MADNESS BATTLE GAREGGA』を1年かけて制作。

INSANITY DVD THE MADNESS BATTLE GAREGGA

結果的には3000枚近く売れて、大成功を収めることができた。

それまで僕らは給料なしで、ほとんど趣味のような仕事をしていたので、口座に1000万円近く振り込まれたのを見て初めて、仕事としてやっていけるかも……という展望が見え、この実績によって、カプコンやケイブなど他のメーカーとの仕事もできるようになった。

　２００５年の2月のことだった。


　僕らが制作・販売をするＤＶＤのタイトル選定は「サントラが出ていないもの」がまず第一で、基本はＤＶＤとサントラのセットだ（『バトルガレッガ』『バイパーフェイズワン』［１９９５年］や『ライデンファイターズ』［１９９６年］など）。

　作業工程としては、まずアナログで音源を抜き、編集してマスタリングだが、なかには作曲者の方が直々に協力してくれるタイトルもあった。『バトルガレッガ』はまさにそうで、その場合は作曲者が在籍していた会社にお金を払い、作るのはお任せした。

　このときの関係があったからこそ、後にミカドをオープンしたとき、開発者や作曲者がイベントに出て裏話をしてくれるというトークショー開催につながった。人のつながりがどんどん続いていき、最終的には僕の好きな作曲者を集めてバンドをやるぐらいになっていく。

　特に僕は、『雷電』シリーズの佐藤豪さん、『バトルガレッガ』の作曲をされている並木学さん、「ソニックウィングス」シリーズの細井そうしさん、「サイヴァリア」シリーズのＷＡＳ・ｉ３０３さんの楽曲がとにかく好きだった。皆さんに最初に会ったときはとても緊張したことを覚えている。

僕らはゲーセンに交渉し場所を借りてシューティングのイベントをやったり、トークショーみたいなことをやりながらＤＶＤを手売りしたりしていた。当時はゲーム・ミュージックの販促イベントを行うメーカーは少なかったので、注目してもらえたのだろう。

２００５～06年は、「ＳＮＳ・動画ブーム」の先駆けとでも言うべき年だ。YouTubeやニコニコ動画（仮）が現れ、mixiがブームになる。無料配信される動画は、僕らのＤＶＤビジネスにとっては脅威だったが、ゲーセンにとっては新しい刺激になっていた。流行に敏感な小さなゲームセンターは、レコーダーに録画した対戦動画をＤＶＤにして持ち帰れるサービスを始めていた。もともと攻略ＤＶＤを作っていた僕らには、そのへんのノウハウが最初からあったため、すぐに動画に対応できたのは運がよかった。

いまもネットで語り継がれる伝説の動画、「背水の逆転劇」が話題になったのもこの頃だった。「背水の逆転劇」は２００４年に行われた、格闘ゲームの世界大会「ＥＶＯ２００４」の『ストリートファイターⅢ 3rd STRIKE』準決勝において、梅原大吾（日

INSANITY DVD THE STARTING OVER HYPER STREETFIGHTER Ⅱ

本を代表するプロゲーマー。「世界で最も長く賞金を稼いでいる」としてギネス世界記録に認定された）が、ジャスティン・ウォンと戦い、奇跡の逆転勝利を収めた試合だ。

僕はこの動画を見て感動し、どうしても彼のプレイを動画で残したいと思い、すぐにコンタクトを取った。梅原くんに「試合のＤＶＤを作りたい」と伝えて快諾してもらい、彼が対戦を熱望するプレイヤーたちに声をかけ、秋葉原トライでトーナメント大会を開催。その模様を収録し、『INSANITY DVD THE STARTING OVER HYPER STREET FIGHTER II』として発売した。これが、おそらく梅原くんの最初の商業ＤＶＤだったと思う。

やがて、ストリーミング動画サービスが普及し始めると、じわじわとＤＶＤの売上が鈍ってくる。

２００４年から数年の間に動画コンテンツをめぐる状況は激しく変化し、この頃には

「動画ってタダだよね」みたいな雰囲気が出始めてしまった。そうなると、いいものを作っても買う人がいない。同じような商売をしている会社が何社か現れ、コンテンツの奪い合いになっていく。どのようなビジネスでも同じだが、時代の流れと、競争に巻き込まれると、あとは資本が大きいところが勝つだけだ。

僕らの会社はそんな状況のなかで、当初の目的だった「ゲーセン」に立ち戻ることになる。

モンハンとコミュニケーションノート

２００５年の大きなトピックとしては、ソニー・コンピュータエンタテインメント（当時）の携帯ゲーム機「ＰＳＰ（プレイステーション・ポータブル）」の『モンスターハンター ポータブル』流行がある。ポータブル機なので多くのゲーマーが携帯し、公共施設やそこかしこで遊んでいるのを見かけたが、ゲーセンに集まってプレイするお客さんも多かった。

ただし、それに対する反応はお店によってさまざまだった。

モンスターハンター　ポータブル　©CAPCOM

いま考えると、知らない人とも交流できるモンハンは、昔のコミュニケーションノートのような機能を果たしていた部分もあるのかなと思う。

コミュニケーションノート（ゲーセンノートとも言う）はネット掲示板が出てくる前まではロケテストなどの最新情報が書かれるメディアだったので、僕もよく見ていた。「〇月〇日、どこどこのゲーセンで見たことのないシューティングゲームが動いてたぞ」「〇月〇日、どこどこの店にすごい強いリュウとケンがいたぞ」とか。店員さんが丁寧にレスを返してくれるようなお店もあって、反応してくれる人がいるのは純粋に嬉しかった。

ゲーセンのお客さんを見ていると、ゲームが好きな層と、ノートを書く層は微妙にタイプがちがう。「ノーター」と言われるノートが目的のお客さんがいて、彼らは店に来て、好きなキャラのイラストを描いて去っていくので、ゲーセン側にとってはお客さんなのかどうか決めづらい。でもそれを受け入れることで広がるなにかがある。

例えばいま、ミカドで『ときめきメモリアル 対戦ぱずるだま』（1995年）という、ゲームを遊んでいる人たちがいる。恋愛シミュレーションゲーム『ときめきメモリアル』のキャラクターを使った、ぷよぷよのような対戦ゲームなのだが、当時は「ノーター」だった少年が大人になってゲーセンでお金を使ってくれ、キャラへの愛をいまでも持っているのは素晴らしいことだ。「鏡（魅羅）さんは年上キャラだけど……」とか言ってるお客さんのほうが、もう年上になっちゃってるのも味わい深い。

現在もファンの多い「ときめきメモリアル対戦ぱずるだま」 ©Konami Amusement

ただ、僕自身はゲーセンへゲームをやりに行くタイプだったので、ノートだけでコミュニケーションをとることに疑問がある。それは現在のミカドのスタンスにも現れている。

ミカドの初期スタッフは、個人で人気があって、自分のお客を持っている人たちだった。大会を主催するスタッフを慕って集まる連中にとって、ノートは必要ない。プレイヤー同士が喋ればいい。僕はノートを介さずにコミュニケーションをとれる状況が好きだし、自分もそういう場にいたので、そこはゲームセンターの役割として非常に重要だと思う。

チャット欄で喋るのと、実際に会って喋って「じゃあちょっと飲み行こうか」となるのとではつながりの濃さがちがうはずだ。

ネットが主流のいまでは、それは時代遅れの考えかもしれない。でも、僕が信じたい部分ではある。

対戦相手の顔が見えないと熱くなれない部分はあると思うし、「なんだよあいつ、ふざけんなよ!」とか「やっぱりこの人は強いなあ……負けないように上手くなろう」とか、感想は人それぞれでちがっても、同じ場にいればいつかわかり合えることもある。そこがゲームセンターのいいところだ。

番外編　麻雀ゲームについて

『麻雀格闘倶楽部』のリリース以降、対CPU戦の「ビデオゲーム麻雀」はゲーセンでは激減した。脱衣麻雀を見かけなくなった理由は、都条例やJAMMA（日本アミューズメントマシン協会、当時）の規約変更も影響していることは明白だが、そんな政治的事情はひとまず置いておく。

僕自身、現実の麻雀はやらない。不純な動機からアーケード版『スーパーリアル麻雀PⅡ』やPC88版『今夜も朝までPOWERFULまあじゃん2』で遊び、麻雀というゲームをざっくりと理解。

20代後半までは、会社の上司や先輩との付き合いで何度か遊んでみたが、いまいちピンとこなかった。そんな僕が、リアル麻雀と比較したビデオゲーム麻雀の特徴についてまとめると、

■当然ながら麻雀牌を積む手間なし
■基本CPUとの2人対戦

■なんでもいいからアガればいい
■流れとか役とか考えなくていい
■勝つときは勝つし負けるときは負ける
■点数計算をしなくていい
■生きていればOK

だいたいこんな感じだろうか。

以前にネイキッドロフトにて開催されたトークライブ「アーケードゲーム雑談2」にて、株式会社モスの駒澤敏亘社長から「リアル麻雀では8割くらい負けない試合を選択せざるを得ない、いわばオリるゲームであることに対し、ビデオゲーム麻雀は8割勝負できるようにデフォルメし、アガる気持ちよさを前面に出さなければならない」という話があった。

それを踏まえてまとめると、ビデオゲーム麻雀は、遊ぶ動機付けとしての「脱衣」だったり「プロ雀士の井出洋介名人と戦える」だったりのアイデアで頭をひねり、タイトルや方向性を決め、イカサマアイテム、電源・稼働時間によるランクなどを実装することで対戦バランスを調整。

加えて、「いかに気持ちよくユーザーに遊んでもらうか？」「連コインしてもらうか？」「面白いと感じてもらうか？」というトライ&エラーを1980年代からメーカー各社が繰り返した結果、ものすごい数のタイトルがゲーセン向けにリリースされ、現在に至るというわけだ。

高田馬場ミカド1階の麻雀ゲームコーナー

つまり、リアルの面倒くさい要素をすべて取っ払い、僕みたいな素人でも高確率で役満をアガれ、ついでにご褒美の画像まで見られる、いわば男の欲望とロマンを1コインで叶えてくれるかもしれない娯楽ジャンルがビデオゲーム麻雀だった。――『麻雀格闘倶楽部』がリリースされるまでは。

『麻雀格闘倶楽部』は、2002年にリリースされた業界初のアーケード用ネット対戦麻雀ゲームだ。エントリーカードを使うことで自分の段位を保存することが可能で、常に自分と腕前が近い人がマッチングする。ゲームらしいデフォルメからグッとリアルに寄せたイカサマ無しの本格4人打ち麻雀ゲームだ。

PCの世界では、インターネット上で4人打ちができる『東風荘』という無料の麻雀ゲームが1997年に登場している。僕の周りを含め、かなりのユーザーを集めて大流行していた。

それゆえに、『麻雀格闘倶楽部』の発表時、ディストリビューターやオペレーターからの評価は正直低かった。筐体価格も高額だし、『東風荘』なら無料で遊べるので当然だろう。しかし、その予測は見事に裏切られ、設置店舗からの高インカム情報は瞬く間に全国に伝わっていく。

『麻雀格闘倶楽部』の設置数が爆発的に増えたのは『麻雀格闘倶楽部2 日本プロ麻雀連盟Ver.』(2003年)からだと記憶している。最初に導入を見送ったオペレーターが、こぞって導入に走った。

『麻雀格闘倶楽部』の大ヒットはいまさら語るまでもない事実だが、その特徴を列記してみると……。

■タッチパネルによる快適操作
■イカサマ要素を排除した4人打ち対戦麻雀
■全国ネット対戦（マッチングがなければCPUが代わりに入る）
■対戦相手は常に同段位同レベルとマッチングされる
■配牌もリアル志向
■成長要素である段位システム
■戦績、段位などのステータスのカード保存
■さまざまなイベント実施機能

といったところだろうか。

それまでのビデオゲーム麻雀の定義とはかけ離れた完全リアル路線であり、いわば麻雀シミュレーターだ。もちろん、ゲームなので「完璧」とは言わない。

そこに多くのゲーマー以外を含む老若男女のユーザーが飛びついたのだ。

僕のようなリアル麻雀やらない勢がロマンだなんだと散々語ったビデオゲー

ム麻雀はゲーセンからは駆逐される傾向になり、その代わりに『麻雀格闘倶楽部』のサテライトが年々着実に増設されていった。ゲームという視点だけで語るのならば、『麻雀格闘倶楽部』シリーズは名実ともにアーケードゲーム史上最強の麻雀ゲームだ。

あくまでゲーセン店員としての主観だが、このゲームの全盛期は2003年の『麻雀格闘倶楽部2 日本プロ麻雀連盟Ver.』から06年の『麻雀格闘倶楽部5』までだろうか？ このあと筐体設置店の増加に伴う売上の台割れ問題が発生し、地域によってはディスカウントで顧客の囲い込みを狙う流れが顕著となる。

また、年1回の有償バージョンアップのコストが日々のインカムと見合わなくなってきたという話も中小企業オペレーターからチラホラと出始める。それでも『麻雀格闘倶楽部』の売上は水準以上で、店舗への売上貢献度も2012年『麻雀格闘倶楽部NEXT』まではまだまだ高かった。

しかし『麻雀格闘倶楽部』の売上に依存していた店舗も、2007年に新筐体へ変わったことを機に従量課金制にシフトし、数々の金銭的足切りの影響によって設置店舗も減少傾向に。ＰＡＳＥＬＩ（コナミの電子マネー）に対応するようになり、１日の台単価が１万円近くあった全盛期のインカムも、いまは全国平均で１０００円から２０００円といったところだろうか。

インカム低下の理由は熾烈なディスカウントによる台割れ、スマートフォンの普及などさまざまな要因が考えられるが、興味深いデータがネット上で公開されている。雀荘の店舗売上などから試算された麻雀人口のデータだ。

「麻雀ウォッチ」記事「『レジャー白書２０１８』麻雀人口は横ばいの５００万人　将棋人口は藤井七段効果で１７０万人増」を見てみると、２００６年から右肩上がりに人口が増えたのに対し、10年以降はほぼ右肩下がりとなっている。大きく落ち込んだ11年は、あの東日本大震災の年だ。災害は着実に人々を娯楽から遠のかせてしまう。関連性があるかどうかはわからないが、この年にはAppleのiPhone 4がスマホの主力機となっている。たしかにこの時期からスマホを持ち始めた人は多い。

以上の考察を踏まえ、見方を変えれば、いまでも『麻雀格闘倶楽部』をゲームセンターでやり続けているプレイヤーは本当にこのゲームを愛するガチ勢と言える。従量課金はあるものの、日々2000円の売上ならば週に1万4000円。ゲーセンにとっては未だ大きな存在だ。

しかしこの10年間、『麻雀格闘倶楽部』1台分の売上を軽く上回るビデオゲーム麻雀タイトルが、高田馬場ミカドには存在していた。

その名も、『対戦麻雀　ファイナルロマンスR』（1995年）だ。

2006年、新宿ミカドのオープン時に『麻雀格闘倶楽部5』を新品で購入。たしか最低4席からの購入で600万円くらいの出費だったと思う。

「大丈夫っしょ？　いけるっしょ？　うぇーい！」

当時30代前半のイケイケ社長だった僕は、銀行から借金するのになんの躊躇《ためら》いもなかった。しかし、MORE、カーニバル、ラスベガスなど、競合ひしめく立地では思うようにインカムが伸びず、大苦戦の毎日。リーマンショック前の当時はITバブルの残り香か、僕みたいな若い社長に対し、銀行は返済がキツめの融資をバンバンしていた時代で、あのときのインカムでは月々の返済すらままならない状態だった。

さらに追い討ちをかけるように『麻雀格闘倶楽部6』の有償バージョンアップの案内が届く。

「え？　1サテライト当たりのバージョンアップ代が25万円？　償却も融資の返済もしてないのに、また追加で100万円かかるの？」

額面はうろ覚えだが、正直そんな感じだったと思う。当時のうちの会社の体力では『麻雀格闘倶楽部』の運用など最初から到底不可能だったのだ。

そこで僕は決断した。

借金は残るし、店のラインナップはどう見てもしょぼくなるが、『麻雀格闘倶楽部』を売却し、「昔ながらのビデオゲーム麻雀に振り切る運営をしよう！」と。

すぐさま中古基板屋からセタ、ビデオシステム、彩京、ニチブツ、セイブ開発、ホームデータなどからリリースされていたビデオゲーム麻雀タイトルを片っ端から購入し、脱衣麻雀コーナーを新設。なりふり構っていられる状況ではなかった。

さらには『麻雀格闘倶楽部』を売却したロケーションが納品直後に倒産してしまい、売却金を一切受け取れないというアクシデントに見舞われ、目の前は真っ白に。気がつくと頭には円形脱毛斑が4つくらいできていた。

それでも、やるしかない。

僕は『スーパーリアル麻雀』シリーズやら『マージャン トリプルウォーズ』やら『麻雀刺客』やら『ホットギミック』シリーズやらを週ごとに入れ替え、祈るような気持ちで稼働させ、ブログで告知した。

頼む、1席だけでいい！『麻雀格闘倶楽部』1台分のインカムを超える基板はないのか！ あってくれ！ そして待つこと数週間。

出た！ 超えた！

それこそが『ファイナルロマンスR』だったのだ。

『ファイナルロマンスR』は1995年末にビデオシステムからリリースされた脱衣麻雀で、ナンバリング的には3作品目にあたる。CPU戦はオーソドックスな脱衣麻雀で、勝利時のポイントを使うことでイカサマアイテムが購入できる。

また、2作品目の『対戦アイドル麻雀 ファイナルロマンス2』同様、通信ケーブルを用い、1枚の基板で対戦格闘ゲームよろしく筐体2台での乱入対戦が可能で、さらに対戦拒否もできるという、当時としては画期的なビデオゲーム麻雀だ。

乱入対戦の際、まず女子キャラ（パートナー？）を選び、こちらが勝った場合は対戦相手の選んだ女性キャラの裸体が強制表示されるし、負けたら負けたで敗戦画面が表示される。勝った側とすれば、たいして見たくもない女子キャラの裸体が拝めるわけだが、いま思うと「この機能いる？」という仕様が味わい深い。

なんにせよ、『ファイナルロマンス2』と『ファイナルロマンスR』は全国のゲームセンターに爆発的に出回り、稼働後も高インカムのタイトルであった。

他の脱衣麻雀となにがちがうのか、プレイヤーたちに質問をしてみた。

「アガり方が気持ちいい」
「頑張れば1コインクリアできる」
「プレイしていて楽しい」
「絵はどうでもいい」

というわけで、こちらの予想に反し、イカサマアイテムを含めたCPU戦のチューニングが絶妙だという返答が多かった。ちなみに難度設定は、新宿ミカド時代に基板屋から買ってきたままでイージー設定になっていた模様。

『麻雀格闘倶楽部』を売却した2007年から18年まで、新宿ミカド〜高田馬場ミカドでは1週間で2万5000円から3万円台の売上をキープし続けるバケモノ。『上海Ⅱ』同様、ミカドが選ぶ夢のマイホーム基板に文句なしでノミネート。

『麻雀格闘倶楽部』登場以前・以後では、同じ麻雀ゲームでもゲーム性や遊びの方向性がまったくちがうことを説明してきた。リアルでヒリヒリする対戦もいいが、脱衣麻雀にはアガる楽しみと気持ちよさという魅力がある。

対戦するだけならスマホ・PCで無料で遊べてしまう昨今、ゲームセンターでしか味わえない魅力として、脱衣麻雀は十分なアドバンテージになるのではないだろうか？

考えてみれば、『ファイナルロマンスR』は拒否を含めた対戦要素など、ユーザー・店舗ともに痒いところに手が届く仕様とデザインセンスが完璧に合致しており、各社が80年代に切磋琢磨してきたビデオゲーム麻雀におけるひとつの完成形なのかもしれない。

将来的に『麻雀格闘倶楽部』のサービスが終了したとして、『ファイナルロマンスR』はミカドをはじめとするゲームセンターで稼働しているだろうか？

僕は確信する。

「絶対に稼働している！」と。

STAGE 3

転換の時代

2006－2010

年	主なアーケード作品（開発会社、販売会社など）	その他の関連事項
2006	麻雀格闘倶楽部5（コナミ）、ソウルキャリバーⅢ（ナムコ）、バーチャファイター5（セガ）、機動戦士ガンダム戦場の絆（バンダイナムコ）、機動戦士ガンダムSEED DESTINY 連合vs. Z.A.F.T.Ⅱ（カプコン）、アルカナハート（エクサム）、GUILTY GEAR XX Λ CORE（アークシステムワークス）	Ｗｉｉ発売／歌舞伎町にて「新宿ゲーセンミカド」オープン
2007	鉄拳6（ナムコ）、麻雀格闘倶楽部6（コナミ）	iPhone 発売／「初音ミク」発売
2008	ストリートファイターⅣ（カプコン）、バーチャファイター5R（セガ）、鉄拳6 BLOODLIN REBELLION（ナムコ）、麻雀格闘倶楽部7（コナミ）、MELTY BLOOD Actress Again（アークシステムワークス）	秋葉原無差別殺傷事件
2009	ボーダーブレイク（セガ）	高田馬場ゲーセンミカドーＮオアシスプラザオープン
2010	バーチャファイター5 Final Showdown（セガ）、ダライアスバースト アナザークロニクル（タイトー）、初音ミク Project DIVA Arcade（セガ）、天下一将棋会（コナミ）、戦国大戦（セガ）	NESiCA の開始／マンガ「ハイスコアガール」連載開始

僕はゲームセンターを始めた

２００６年のある日、僕のもとに、知人がこんな話を持ってきた。

「歌舞伎町に居抜きで売られているゲームセンターがある。池田くん、興味ないか」

そのビルの存在は、僕も知っていた。「ミカドビル」という名のそこは１９７０年代は喫茶店で、80年代前半ぐらいからはずっとゲーセンが入っていた。80年代はタイトー、２００３～04年はセガ、その後、A社という会社が入ったはずだ。

話を持ってきたのはそのA社の関係者だった。

僕らの会社「ＩＮＨ」は当時、ゲーセンで攻略ＤＶＤ動画撮影を行っていたため、さまざまなお店とつながりがあったが、A社もそのひとつだった。実際にお会いして話を聞いてみると、権利と筐体をまるごと買ってほしいということだった。

悪くない話に思えた。

前述したとおり、僕らはそもそもゲームセンターがやりたかった。この物件があれば、その夢が叶う。それにＤＶＤ動画の撮影も店舗でできる。一石二鳥だった——が、そう簡単には決断できなかった。

店の値段は６００万円。僕らのようなベンチャー企業にはかなり大変な金額だ。数日悩んだ末にやると決めて、なんとか事業計画書を作り、ほうぼうに頭を下げてお金を工面した。

こうして僕は、長年夢見たゲームセンターのロケーションを手に入れた。

次はコンテンツ——つまりゲームの筐体が必要だったが、これは問題なかった。僕はいつかゲームセンターを経営するときのために、家の近所の墨田区に安い倉庫を借りて、傑作と言われる無数のレトロゲームの筐体や基板を集めていたからだ。

そこには、『アウトラン』（１９８６年）、『ダライアス』（１９８７年）、『メタルホーク』（１９８８年）など、個人では所有が難しい大型筐体も含まれていた。

筐体を搬入し、数々のレトロゲームを並べると、店内はさながらレトロゲーム博物館のようだった。

ロケーションとコンテンツが揃えば、次は人だ。ゲームセンターにおいて、最も大切なのは「人」――店員だ。他の職種とちがい、個性的なゲームセンター店員は自分たちのお客を持っている。これは１９８０年代から変わらない。

高田馬場ミカド１階には数々の大型筐体が並ぶ

カリスマ性のある店員がカリスマプレイヤーを集めて、自らのお店のスコアを上げ、全国ランキングで名前を売る――これが１９８０年代のスコア文化を支えていた。スコアを競うブームが落ち着き、90年代に対戦格闘ゲームブームがやってきても、店員とプレイヤーのつながりは本質的には変化しなかった。小さいお店でも、店員のアイデア次第でお客とプレイヤーを集めることはできた。

しかし『バーチャファイター3』（１９９６年）以降は、格闘ゲームを入れておけばどの店でも売上が上がるという時代は終わり、大会を毎週・毎月やっているような熱量の高いお店や、前述した「聖地」と呼ばれる有名店にお客が集中するようになっていった。

実は、僕がゲームＤＶＤやサントラを作っているときに一緒に働いていた仲間は、キャロット巣鴨や明大前ナミキといった当時の有名店のスタッフだった。そのため、追加で新規バイトを雇うだけで大会運営ができる状況が整った。

こうしてその年のうちに、僕らのお店「新宿ゲーセンミカド」がオープンする。

当時は情報を出せるメディアも少なく、ホームページを作って、ブロガーや関係者に情報を送っていた。そのかいもあってか、初日は人であふれ、大盛況だった。

前日、徹夜で準備してへとへとになった僕は、事務所で寝ていたのだが……。

オープン後の失敗

オープンしてから1ヶ月。ミカドの売上はかなり良好で、銀行や公庫から融資を受けて運転資金をやりくりする自転車操業から脱却できそうな予感があった。

そこで僕はちょっとした賭けに出る。オープン当時、お店の稼ぎ頭は『スーパーストリートファイターⅡX』（『スパⅡX』／1994年）や『ストリートファイターⅢ 3rd

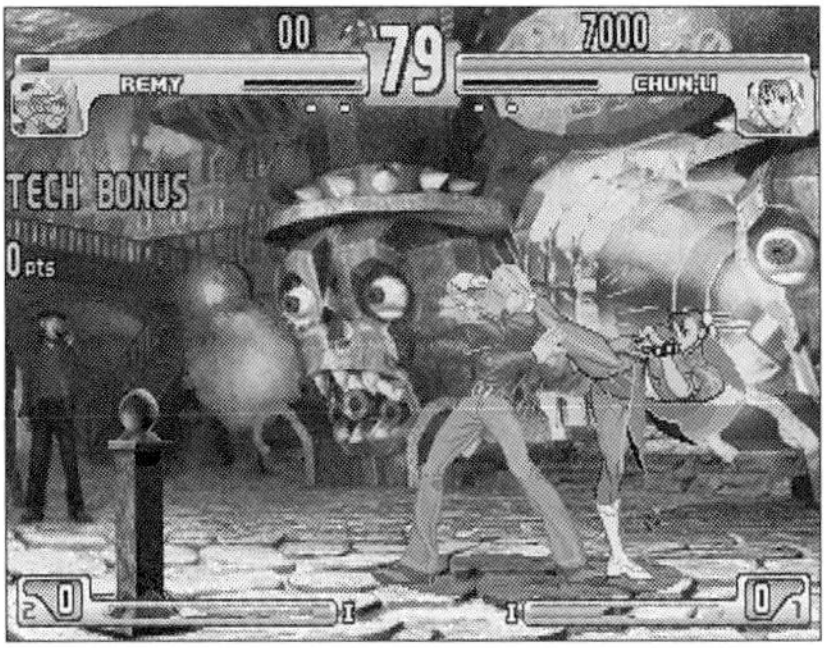

ストリートファイターⅢ 3rd STRIKE　©CAPCOM

STRIKE』（『ストⅢ ３ｒｄ』／１９９９年）といった古めのゲームだったので、最新のゲームも何台か入れて新しいお客さんを取り込もうと試みた。

ところがこれが失敗してしまう。

入荷した『麻雀格闘倶楽部５』『機動戦士ガンダム SEED DESTINY 連合vs. Z.A.F.T.II』『バーチャファイター５』（すべて２００６年）が、ことごとく赤字になってしまったのだ。理由は簡単だ。このへんのゲームはどの店にもある。だからプレイヤーは値段が安いほうに流れる。値段で戦えるほどの体力はこっちにない。

さらに、リリース速度の差もある。

大きなお店――ラウンドワンやセガやタイトーなど――は新作を「筐体買い」する。筐体買いのほうが出荷は早いから、僕ら小さなお店が基板で買う１、２ヶ月前にはすでに稼働している。大きな店はその間にお客さんを取り込んで回収できるが、こっちは出遅れているぶん、大会などで盛り上げないとお客さんの囲い込みができない。

重ねて課金制度の変更もあった。

この頃まで『麻雀格闘倶楽部』は、1ヶ月に席代を1台6000円払う方式だった。ところが、『麻雀格闘倶楽部6』が出るときには、アップデートに1席約25万円払うことになる。

さらに『バーチャファイター5』あたりから、1コインにつき30円課金——100円だったら店は70円の儲け。記憶ではさらに諸々の経費もかかってきた（なお『麻雀格闘倶楽部』『バーチャファイター5』の課金料金については、「平成18年度アミューズメント産業界の実態調査」掲載の「インターネット代および課金料金一覧表　※提供㈱アイモ」による）。

これが前述したネットワーク化による弊害だ。

2001年、『バーチャファイター4』とともに、ゲームセンターへセガのネットワークシステムALL.Netが導入され始めると、各社同じようなネットワーク構築に乗り出し、結果的にそれぞれの規格が乱立することになった。

■セガ＝ALL.Net＝「Aimeカード」「バンダイナムコパスポート（旧バナパスポートカード）」
■コナミ＝「e-amusement pass」
■タイトー＝「NESYS」

しかも各社それぞれ別の回線が必要というのだから大変だ。当時は光ファイバーがないため、ゲーセンは店舗に複数のＩＳＤＮ回線を引くという面倒を負うことになってしまった。業者には「一本でいいですよ。ハブで分配すれば」と言われたが、メーカーに「別々に引いてくれ」と言われたため、引かざるをえなかったのだ。

この時点で、メーカーはゲーセンの負担を真面目に考えていなかったのではないかと疑わざるをえない。

コンテンツがまだ強かったため、メーカー側がゲーセンのことを考えずに理想を高く持ちすぎたのだ。

メーカー側の最初のアイデアは、ネットでゲーセンをつないで、ネットワーク対戦やデータの保存、ひいてはソフトのダウンロードをできるようにするというものだった。

それが実現すれば高い基板を作らなくて済む。アーケード業界の救世主になるはずだった。……ところが、現実にはそうなっていない。

たしかにネットワーク対戦や、アップデートは実現した。しかしそのための費用はすべてゲーセン持ちで、さらに従量課金……というのは、なにかがちがうのではないか。メーカー側にも言い分があるのはわかるのだが、もはやこの状況を変えることは難しいだろう。

このままではまずいと感じた僕らは、店の体制を見直し、ネットワークや課金のない古いゲームをメインコンテンツにして勝負することに決めた。

力を入れたゲームは『スパⅡX』『ストⅢ 3rd』『餓狼伝説スペシャル』(『ガロスペ』/1993年)、『ヴァンパイアセイヴァー』、このなかで一番人気があったのは『スパⅡX』だ。お店で頻繁に大会をやっているせいでもあるが、まさか1994年に出たゲームがこんなにも長い間人気になるとは……僕らも驚きだった。

最新ゲームじゃなくても、熱狂的なファンとコミュニティがあるゲームを大切にすることで、お客さんはついてきてくれる――その実感は、僕にとっては大きな気づきでもあり、勇気づけられることでもあった。

とはいえ、ミカドは小さなゲームセンターなので、それほどの収益があるわけではない。実際の数字ベースで言えば、このときの収益は多いときで月に500万円前後で、スタッフに給料を払い、諸経費を差し引けば1割残るか残らない程度だ。

大会や企画は主にスタッフに任せて、僕自身はたまに行ってゲームで遊んだり、筐体の搬入など力仕事が必要なときや集金業務で人がいないときは手伝ったり。初めて持った自分のお店に、自分の好きなゲームが置いてあるのは夢みたいで、昼間は事務所でDVDやサントラのブックレットを作り、夕方になるとお店に行ってゲームをするのが日課だった。

こうして2006年にオープンしてなんとか店を維持したミカドだったが、なんとその2年後に降って湧いたように、立ち退きの話が舞い込んでくる。

きっかけは歌舞伎町ビル火災だった。

2年目の危機

歌舞伎町ビル火災とは、2001年の9月1日未明に歌舞伎町の雑居ビルで起きた、多くの死傷者を出した悲惨な事件だ。日本で発生した火災としては戦後（第二次世界大戦後）5番目の被害となり、当時メディアでも大きく取り上げられた。

なぜ2001年に起きた火災が08年のミカドにまで影響するのか？

それは、あの火災によって歌舞伎町のルールが変わったことが関係している。当時の歌舞伎町はかなり混沌としており、ビルのオーナーが誰なのかもわからず、賃貸がしっかりした契約になってないところが多かった。本当のオーナーはマレーシアなど海外で悠々自適に暮らしていて、赤の他人が一見オーナー面して転貸している、みたいなことがよくあった。

ところが、火災のあと歌舞伎町一帯のビルには、警察と消防の立入検査が行われるようになり、それによって、持ち主を明確にすることが求められた。ミカドビルはそのあたりが曖昧だったため、大家さんの判断で売却することになり、結果として僕らは立ち退きを要求されてしまったのだ。

２００８年のある日、僕のもとにビルのオーナーから「ビルを売却することになったから出ていってくれ」という電話がかかってきた。

突然のことに驚いた。たしか普通の契約ならこういう場合はビルのオーナーがお店の売上を補償してくれるはずだが……、「いや、それはできない」と言う。

調べてみると、僕はとある人の仲介でテナントに入ったため、転貸的な契約となっており、通常退去時に発生する「退去による営業休止の補償金」などといった立ち退き料を一切受け取ることができなかったのだ。

こうなると、どうしようもない。僕は面倒事が嫌いな性格なので、しょうがないとあきらめて物件を探し始めた。

とはいえ、ゲーセンは利益の少ないビジネスなので、新しい物件の保証金を払う貯金もない。しかし、ゲームセンターには昔からの商習慣として「テナントオーナーとの共同経営」という運営形態がある。

つまり、大家さんと僕らで売上を折半しましょう、その代わり月々の家賃はなし——

という形だ。お店ごとに多少はちがえど、これは僕が業界に入ったときから普通にある契約形態で、話を聞くと1980年代の「インベーダーブーム」までさかのぼるらしい。メーカーの直営店舗でも、「リース店」といった呼称の形態で運営するところが、90年代まで一般的だった。

僕は「共同経営」「リース店」という方式をオーナーに持ちかければ、ミカドを存続できるのではないかと考え、アイモやジーエム時代の知人を通して、空きテナントや閉店案件といったさまざまな情報を集めた。

当時はゲームメーカーの某社が、同業のスクウェア・エニックスに吸収されたことで、系列店（特に都内のオーナー共同経営店舗）の閉店が相次いだ時期と重なる。僕はそこに目をつけた。高田馬場駅前にある「オアシスプラザビル」は、そんな店舗のひとつで、1年以上空きテナントになっていることは知っていた。

「もしかしたら？」という淡い期待を抱きつつ、かつて某社に在籍していた方と人づてに接触。2008年の秋、オアシスプラザビルのオーナーに、ゲームセンターの共同経営をプレゼンさせてもらう機会を取り付けることに成功した。

土壇場のプレゼン

オアシスプラザビルのオーナーは高齢だがパワフルな印象で、ちょっとした仕草や佇まい、話し方ひとつとっても、戦後激動の昭和を生き抜いた大成功者といった貫禄がある。同席している役員たちの視線も鋭く、僕のビジネスマナーや言動を逐一チェックされているみたいで、正直、生きた心地がしなかったのをよく覚えている。

そんな「蛇に睨まれた蛙」状態の僕がプレゼンした内容がこれだ。

- 新製品に頼らない企画重視の店舗
- イベントを積み重ねてリピーターを増やす
- レトロゲームファンが喜ぶラインナップの実現

いままでの経験と、立地条件から予測した1年分の売上目標と、収支表も提示したところ、オーナーが言った。

「あのね、池田くん。なぜオアシスプラザビルが、1年以上も空きテナントだったかわかる？」

オーナーからの問いかけに「わかりません！」と素直に伝えたところ、その場で返答はしてくれずにこの日はおひらき。以後「アポをとる、そしておひらき」を2ヶ月ぐらい繰り返した。

某社がオアシスプラザビルより撤退してから、オーナーはかなりの数のテナントオファーを丁重に断っている。そのオファーのなかには、誰でも知っている大手コンビニチェーンや有名ボクシングジムなどが含まれていた。

つまり「お金には困っていないし、どうせ貸すなら自分の納得できる人がいい」というわけだ。

僕が持ちかけているのは共同経営であり、通常の賃貸借契約に必要な敷金・保証金などはなしという、ある種、虫のいい話だ。オーナーからすると、30代の若造が社長を務める貧乏会社と組むなら、それなりのメリットが必要だろう。

オーナーから投げられたこの質問の答えは、つまり「共同経営するつもりなら、出ていった某社以上の売上試算をプレゼンしてみろ」ということだ（僕なりの解釈だが）。現実問題として、ビデオゲーム……特にレトロゲーム中心のゲーセンで、莫大な売上は望めない。とはいえ、グズグズしていたら新宿ミカドの退去期限が来てしまう。家族や社員が路頭に迷う未来は避けたい。

迷った末、安全圏のプレゼン資料を破り捨て、僕はビシッと覚悟を決めて言った。

「月売上１０００万円出します！　売上は折半でいきましょう！」

半分はやけくそだったが、そこから話はトントン拍子で進み始めた。結果的にオアシスプラザはオーナーと売上を折半＋最低売上保証金額３５０万円ということになった。それに至らなかった場合、こちらから持ち出して足さないといけないが、破格の条件だ。

オーナーからさらにこんな申し出があった。

「同じ条件で、もう一軒、池袋のゲームセンターをやってみないか？」

それは池袋駅前にあるランブルプラザというビルだったが、高田馬場オアシスプラザ同様、空きテナントとなっていた。正直なところ、やってみたい気分ではあったのだが、新宿ミカドから引き揚げたゲーム機を全台投入しても、高田馬場と池袋、２店舗の敷地を埋めることはできない。丁重にお断りさせていただいた。

なんとか移転先が決まり、引っ越し作業が始まった。基本的にはレンタカーを借りて自分たちでやったが、状況を素直に話すと、ありがたいことにディストリビューターの人が「会社のトラック使って運ぶよ」と安価でやってくれたり、力を貸してくれた。引っ越したあとは内装も必要だったが、これは知り合いに頼み込んで分割払いでやってもらえることになった。

この時期に助けてもらった人たちに、いつかは恩返しを……と思っていたのだが、残念なことにいまではほとんどみんな業界に残っていない。それだけゲーセンを続けるのが厳しい時代になってしまったのだ。

余談だが、店の看板に建物の名前を表記してあるのは、僕を信頼してくださっているオーナーへの敬意を表してだ。山手線沿線の物件なんて、僕みたいな若輩者は普通じゃ借りられない。

こういう昔ながらのゲーセンスタイルが現代に残っている状況は、僕やスタッフの努力もあるかもしれないけど、オーナーさんの協力あってこそだ。あとになってオーナーさんに「売上1000万は無理だとわかっていた。でも、こっちが想定している数字よりいいからすごいよ」と言われたのもいい思い出だ。

歌舞伎町から高田馬場へ

こうして2009年4月末、「高田馬場ゲーセンミカド　IN　オアシスプラザ」がオープン。心機一転、モチベーションは高かったが、そう簡単にいかないのがこの仕事だ。オアシスプラザは新宿に比べると広かったのでレトロゲームだけではなく、新規に筐体を導入し、コナミの『ビートマニアⅡDX』（1999年）などの音ゲーもレンタルで入れ、パーソナリティの強いスタッフ集めもさらに推し進めた。

対戦格闘ゲームの祭典「闘劇」の盛り上がりもあって、『アルカナハート』『GUILTY GEAR XX Λ CORE』（ともに2006年）、『MELTY BLOOD Actress Again』（2007年）、『ストリートファイターⅣ』（2008年）など、対戦格闘の新作タイトルも元気がある時代だった。

最初の頃こそオープン景気で盛り上がったが、2、3ヶ月経つと当たり前の状況になり、売上は少しずつ落ちていく。新宿よりも店舗が広いため、倍ぐらいのスタッフを雇ったが、なかには喧嘩別れする人も出たりして、上手くいかない。

僕は最初、お店の企画に介入せずスタッフに発破をかけるだけだったが、スタッフはゲーマー上がりなので話が嚙み合わない。売上の折れ線グラフが落ちたところをテコ入れしてほしいと話し、効率的なレイアウトを提案するも、スタッフには上手く通じない。

いま考えると僕のほうにも大きな問題があった。

店には入らず、スタッフに任せて口だけ出すとなると、当然ながら中間管理職の人間のストレスが大きくなる。そんな状況のなかで、初期から頑張ってくれていた社員が退社したときに本当に反省して、そこから僕もお店に積極的に関わるようになった。

まず手をつけたことは、土日だけ行われていた企画やイベントの回数を増やすことだった。僕は自分のコミュニティやファンを持っている人間ではなかったので、最初はシューティングゲームのイベントを中心に企画した。『グラディウスIII』のファンから基板を借りて11台ぐらい動かし、入場料制のフリープレイにしたり、グッズを作ったり、そんなふうにしてなんとか乗り切ったが、それでもまだ楽にはならなかった。月末に諸経費を払うと、口座の残高がちょうどゼロになるギリギリの状況が続く。

状況が変わり始めたのは半年後くらいだ。

配信の力

オープン半年後。それまで週末しかやっていなかった僕のイベントを平日にもやるなど少しずつ増やし、どこの店とも被っていないマイナータイトルを中心に格ゲーの大会も始めた。『機動戦士ガンダム EX REVUE』（１９９４年）、『餓狼伝説２』（１９９２年）、『サムライスピリッツ 斬紅郎無双剣』（『斬サム』／１９９５年）などだ。

僕らの不器用な様子を見かねたのか、「闘劇」の運営に関わっていた八丁堀くんが手弁当で手伝ってくれ、僕が考えていなかった配信サービスのアドバイスをくれたり、実際に筐体メンテの作業をやってくれたり大変助かった。

最初に配信した格ゲー大会の参加人数は僕を含めて８人、配信の視聴者は７人ぐらいしかいなかった。いまのミカドチャンネルからは考えられない数字だ（２０２３年５月現在は登録数が10万人以上。人気コンテンツの同接は１０００～２０００人）。

もしいま、これを読んでいるあなたが、ゲーム配信をやろうと考えているなら、とにかく続けてほしい。実況や喋りは、場数を踏まないと上達しない。

ただし、なにも考えずに続けるだけでは変わらない。

僕の実況は完全なアドリブではなく、ある程度は準備している。お客さんに「へえ、知らなかった」「そうなんだ！」と思ってもらえるよう、事前にできるだけ調査をしなければ配信のクオリティは上がらない。


大会の参加者が増えていく途中で気づいたのは、大会の無料配信自体が宣伝になることと、マイナーなゲームをやり込んでいるプレイヤーは、その存在自体が魅力的だということだ。

例えば『斬サム』だと「さりぴ」さん、「べほまそ」くんというプレイヤーがいる。なんでそんなに上手いのか理由を聞いてみると「好きでずっとやり続けている」と。それを僕が実況で喋ったり、プレイヤーの名前を出したりすることによって、ＳＮＳが活性化する。

プレイヤーの情報が共有されると、『エアガイツ』（１９９８年）の得意な「エアガイツ仮面」が『斬サム』の大会で上手い奴を倒す、というようなプロレス的流れが生まれ、面白いストーリーになったりする。配信は、ゲームと、そのプレイヤーの魅力を伝えるためのメディアとして最適だ。

僕は古い考え方の人間なので、最初は無料配信については否定的だった。しかし、やれることは全部やってみる方針でこの配信を続けたことが、後に思わぬ成功につながっていく。

GUILTY GEAR XX Λ CORE　© ARC SYSTEM WORKS

この時期『ギルティギア』のインカムが良好だったが、それはうちにいた「じょにお」くんというプレイヤー兼コミュニティトップの力が大きかった。

シングル戦、ランダム3on3、初心者大会と、毎日のように部門別大会を開いたが、いつも30人以上は参加者がいた。年に1回のデカい大会をやるときは100人以上。『GUILTY GEAR XX Λ CORE』を、マックス14～15台、ブラウン管モニターの数でいうと30画面動かしていた。

大会参加者は自分の出番になるまでは野試合（お店

で普通に対戦すること）をやるため、台数が多いほどインカムがいい。例えば1日100円しか入らない台があるとして、大会の日は3000円、4000円と伸びていく。初期のオアシスプラザにおける『ギルティギア』の存在感はかなり大きいものだった。

こうして配信やイベントでお客さんが増えてきた高田馬場だったが、開店から2年後、さらに大きな事件がゲームセンター業界のみならず日本全国を襲う。

東日本大震災である。

番外編　筐体仕入れ

小さなゲーセンにとって、中古筐体を安く仕入れることはかなり重要なので、各店舗にはさまざまなノウハウがある。僕がランブルプラザを引き継いだ際に、とある中古業者さんから「店にある『クレナフレックス』を3台売ってほしい」というお願いをされた。

『クレナフレックス』はバンダイナムコ製のプライズ機だ。景品を落とすホールの位置やステーション内の台座などを自由にセットできるという、近年のクレーンゲームコーナーの主力機だ。そのため、中古市場でも人気で、取引価格は高値で安定しているという。

僕はその中古業者からセガのブラウン管筐体『アストロシティ』と『プラストシティ』11台を買い付けていたのだが、その金額を相殺してさらに20万円ぐらいの余剰が出るとのこと。話自体は悪くないが、『クレナフレックス』3台分のスペースを埋める筐体をすぐには用意できない。

そこで「余剰の20万円で『UFOキャッチャー7』を3台探してくれるなら受ける」という条件を提示した。

『UFOキャッチャー7』はセガの名機『NEW UFOキャッチャー』の正当後継機で、こちらも大ヒット機種だ。『クレナフレックス』ほどではないが、扱いやすいことから現在でも現役で稼働させているお店は多い。最新機種ではないとはいえ、余剰の20万円で中古を3台集めるのは市場価格を見れば無茶だ。

当然ながら難色を示されるが、実は無茶な話ではない。

たしかに現在の中古相場から『UFOキャッチャー7』を20万円で3台も集めるのは、普通に考えたら不可能だ。そこで僕は店舗オリジナルの『UFOキャッチャー7』に目をつけ、中古業者にもそれを探すように伝えた。

ラウンドワン、アーバンスクエアといった大手広域オペレーターがプライズ機を大量発注する際、店舗オリジナルのカラーや装飾を施す場合がある。こうした店舗オリジナルの中古機が出てくることはあまりないが、出てくれば安い。なぜならば、店舗名が入っているし、基本的にその店舗でしか使えないからだ。

ほどなく「某店オリジナル仕様の2台と『ムシキング』仕様の1台がありました」という連絡が届いた。

中小企業のゲームセンターはこういった企業努力でコストカットを実践し、生きていくのだ。

STAGE 4

淘汰の時代

2011－2018

年	主なアーケード作品（開発会社、販売会社など）	その他の関連事項
2011	ダライアスバーストEX（タイトー）、鉄拳 TAG TOURNAMENT 2（バンダイナムコ）、ドラゴンボール ZENKAIバトルロイヤル（バンダイナムコ）	東日本大震災／スマホゲーム隆盛
2012	鉄拳 TAG TOURNAMENT 2 UNLIMITED（バンダイナムコ）、怒首領蜂最大往生（ケイブ）、麻雀格闘倶楽部NEXT（コナミ）	LINEブーム／「闘劇」終了
2013	コード・オブ・ジョーカー（セガ）	ドラマ「ノーコン・キッド～ぼくらのゲーム史～」放送／ユーチューバーが注目される
2014	GUILTY GEAR Xrd －SIGN－（アークシステムワークス）、ガンダムEX vs.マキシブースト（バンダイナムコ）、ウルトラストリートファイターⅣ（カプコン）	消費税8％導入
2015	鉄拳7（バンダイナムコ）	日本eスポーツ協会（JeSPA）設立／「爆買い」ブーム／メダルゲームブーム
2016	艦これアーケード（セガ）、三国志大戦（セガ）	SMAP解散／ポケモンGO
2017	電車でGO!!（タイトー）	スマートフォン用「アカとブルー」発売／「フォートナイト」サービス開始／仮想通貨市場急騰

2018	ソウルリバース（セガ）、Fate/Grand Order Arcade（セガ）	池袋ゲーセンミカドーNランブルプラザオープン／アニメ「ハイスコアガール」放映／漫画村閉鎖／「ドキュメント72時間 伝説のゲーセン 大人たちの闘い」放送

震災と強盗事件

２０１１年3月11日14時46分に発生した、東日本大震災。これに伴う津波や、東京電力福島第一原子力発電所の事故による災害は、多くの人の人生を変えてしまった。僕自身も当時は強いショックを受けていたので、被災地のみなさんにはかける言葉がない。

僕の後輩がやっていた茨城県のゲーセン「ジャムジャム勝田店」は津波で水浸しになり、両替機が流され街中を探したそうだ。業界内では『機動戦士ガンダム　戦場の絆』のＰＯＤ筐体が沖を流れていたなんて噂もあった。ミカドにはネット対応のゲームがほとんどないから知らなかったが、計画停電で電源が落ちて、そのときにプレイしていた人のカードのデータが壊れるケースもあったそうだ。そういう細かいトラブルを知り合いの業者からよく聞いたが、それもすべて命あってのことだ。

震災後、東京の街から人が消えた。ミカドはオープンしていたものの、お客さんがほぼ入らないためインカムは半分ぐらいになった。税務署、銀行の融資、金融公庫、オーナーさんへの支払い……僕は毎日いろいろなところに頭を下げに行き、精神的にかなりまいっていた。

当時の僕は、いまみたいに「配信でなにかしよう」とか「グッズを作ろう」とか「広告代理店みたいなことをやろう」というアイデアがなかったので、ＩＮＨの仕事を増やすことしかできなかった。運よく、ティームエンタテインメントという会社が「レトロゲームミュージックコレクション」というサントラレーベルを立ち上げたので、その仕事を手伝い、なんとかしのいでいた。

そんなとき事件が起きる。

２０１１年、３月下旬。朝、シャッターを開けて店のなかに入ると、なにか雰囲気がおかしい。両替機がぜんぶ壊されている。一瞬で「あ、これはやられた……」と気づき血の気が引いた。慌てて店内を確認すると、１階の排煙窓のガラスが割れていて、何者かの侵入した形跡があった。

すぐに警察を呼んで被害届を出した。被害額は１００万円以上。経営難のこの時期に、泣きっ面に蜂どころではない。

会社の経理は妻が担当しているので、彼女のストレスは僕の想像を超えるものだったと思う。僕らはいつも言い争いをしていたが、この事件を機に、「争ってる場合じゃない、一緒にちゃんと頑張らないとどっちも潰れる」という危機感が芽生えて喧嘩をしなくなった。

怪我の功名というには、あまりにも高い代償だった。

閉店ラッシュ

震災の年は自粛ムードに加えて節電ムードも高まり、ゲームセンターへの風当たりは強く、店に「電気を使うな」「イベントをやるな」という電話がかかってきたこともあった。

周りでいくつかのゲームセンターが閉店。エース系列店――アミューズメントエース津田沼、アミューズメントエース市川、ゲームフジ船橋、ゲームフジ亀有、ゲームソニックビーム松戸――などだ（現在は別会社がそれぞれの店舗を運営中）。北海道で有名なGAME41も2012年9月30日に閉店する。

ただ、この時期にゲーセンの経営が悪化したのは、決して震災だけが原因ではない。

2012年に『パズル&ドラゴンズ』などの無料スマートフォン向けゲームが流行し、ゲームの無料化とスマホ化への流れが加速、さらに、アーケードゲームのネット課金がいよいよ厳しくなってきた。

前述したがネットワーク型のゲームは、サーバ運営の費用をオペレーター側が負担し、従量課金制でメーカーにお金を払うシステムだ。当時の『ドラゴンボール ZENKAIバトルロイヤル』（2011年／現・ドラゴンボール ゼンカイバトル）、『天下一将棋会』（2010年）、『クイズマジックアカデミー』（2003年）、『頭文字D ARCADE STAGE』（2002年）、『ダライアスバースト アナザークロニクル』（2010年）などがそうだった。

こうなってくると、冷静にゲームセンターの経営者として考えれば、筐体を全部『UFOキャッチャー』にして現金を回収するのが安全策だ。しかし、個人経営のゲーセンにはプライドがあった。結果的にはそれが裏目に出てしまう。

この時期に、ある有名対戦格闘ゲームがリリースされた。昔ながらのゲーセンは、対戦格闘のヒット再び！　とばかりに、社運を賭けて仕入れた――が、そのゲームが大コケ。これが原因で閉店する店も少なくなかった。

周りのゲーセンがどんどん閉店していくなかで、僕はふと気づいたことがあった。それらのお店が直前になって「閉店なのでイベントをやります！」と告知すると、お客が集まっているのだ。

ということは……つまり、365日ずっとイベントをやれば、お客さんが来てくれるんじゃないか？

あまりにも単純な考えだが、やってみる価値はある。そう考えてイベントを毎日やってみたところ、本当にお客さんが増えた。やけくそ気味に、どうせなら好きなことを全部やってやろうと開き直って、ゲームミュージックのバンドもやり始めた。

そうすると、なにか得体の知れない熱気を感じてくれたのか、秋から年末にかけてお客さんが徐々に増えてくる。

この年、ミカドで流行ったタイトルは、『餓狼伝説』シリーズや『サムライスピリッツ』シリーズ、あとは『バーチャファイター3tb』（1997年）。呆れるほど古いタイトルだ。

どの業界でも同じだが、古いお客さんと新しいお客さんの両方がいないとパイは増えない。ミカドのように古いゲームばかりだと、新しいお客さんが増えないと思われがちだが、それはちがう。タイトルにもよるが、『ガロスペ』（1993年）と『スパⅡX』（1994年）、『ときめきメモリアル　対戦ぱずるだま』（1995年）に関しては明らか

スーパーストリートファイターⅡX　©CAPCOM

餓狼伝説スペシャル

に新規客が増えている。

ミカドのお客さんは、30代後半から40代が圧倒的に多いけれど、それはゲーセンが流行っていた時代を知っているからだ。それでもたまに、若い20代も見かける。そういう子と話すと20代とは思えないほど古いゲームに詳しい。黄金時代のゲーマーと、若いコアなゲーマー、ミカドはその二つに支えられている。

音ゲーとプライズ

２０１１年を乗り切ると街にもゲーセンにも人が戻り、経営状態も回復してきた。ミカドは相変わらずレトロゲームが強かったが、そのなかに変化が見られた。古い対戦格闘ゲームのインカムが減ってきていたのだ。

それを象徴するかのように、２０１２年の夏、日本最大の格闘ゲーム大会「闘劇」が10年の歴史に幕を下ろし、入れ替わるように音ゲーが盛り上がりを見せる。

それまでの音ゲーといえば『ビートマニア』（１９９７年）に代表されるテクノ系と、

1998年の『ポップンミュージック』のようなライトな楽曲だった。筐体がネットワークに対応しておらずアップデートができないため、ゲーム内の楽曲はかなり考えて収録されていた。

ところが、ネット対応によって随時アップデートが可能になると、楽曲はユーザーの好みを反映したボーカロイドの曲や、東方Projectのアレンジ曲などで遊べるようになっていった。この時代からゲーセンに通い始めた世代には、ゲーセンのビデオゲーム＝音ゲーというイメージが強いだろう。

『初音ミク Project DIVA Arcade』（『DIVA AC』／2010年）は60万円ぐらいの筐体だったが、人気があったため増台しようとしたら120万円ぐらいのプレミアがついていて驚いたことを覚えている。

大きなゲーセンが、ビデオゲームではなく、プライズ機をメインに推していく戦略になっていったのもこの年くらいからだ。ビデオゲームは基板の性能が高くなるにつれて値段も上がっていくが、売上が読めないためリスクが高い。だから必然的に、店は仕入れ判断が厳しくなる。

ミカドも例外ではなく、この時期に入った新品筐体は『ダライアスバーストアナザークロニクル』と『DIVA AC』ぐらいで、同時期に流行していた『戦国大戦』（２０１０年）、『湾岸ミッドナイト MAXIMUM TUNE』シリーズ（２００４年～）、『機動戦士ガンダムVS.』シリーズ（２００1年～）はリスクが高すぎて入れられなかった。

のちに『GUILTY GEAR Xrd -SIGN-』（２０１４年）の新品２台を購入したが、やはり課金があるゲームは大会を開催しづらい。

いままでは参加費をとったらフリープレイで、トーナメント制だった。しかし課金タイトルは１試合ごとに30円をメーカーに払うことになる。そのため、参加費をいくらとっていいかわからなくなってしまう。スタッフは、赤字にならないよう運営してくれていたが、それにも限界がある。

ゲーセンが昔のように大会をやらなくなったのには、こうした背景がある。

さらにいまでは、カードを使うゲームの場合、カードの排出とゲームのプレイは別課金の場合もあり、下手をすれば課金が１００円を超えるのでは……というところまで来ている。そんな機械が当たり前にリリースされ、ことごとくヒットしないとなれば、ゲームセンターがプライズ機ばかりになるのも仕方ない。

中小企業のゲーセンはこれからプライズ機オンリーになるか、ミカドのような課金のないレトロゲーム路線になっていくだろう。

とはいえ、古いゲームの基板もいまは高騰して買えない。２００６年に６００万円の投資でミカドを始められたのは運がよかったのかもしれない。いま同じ規模で店をやろうとしたら、古いゲームの基板と筐体を集めるだけで何千万円もかかってしまう。

２０１２年は出会いの年でもあった。

冬にゴールデン街のバー「16ＳＨＯＴＳ」の店長、安部さんから「ドラマの撮影に協力してくれないか」という話をされ、詳しく聞いてみると、なんでも脚本家の佐藤大さんがゲーセンを舞台にしたドラマを作るのだという。話は進み、２０１２年夏に撮影が始まった。ミカドの筐体を貸して、実際のゲーム画面を撮影するのだが、レトロゲームは骨董品のようにデリケートなところがあるため、やっているうちに機材トラブルが続出、何度も壊れては修理、を繰り返した。

こうして、テレビドラマ「ノーコン・キッド～ぼくらのゲーム史～」（田中圭主演）が完成する（２０１３年10月４日から放映）。本格的な場所貸しと筐体貸しの仕事はこれが

2023年「シューティング祭り」告知画像

初めてだったが、このことがのちに２０２２年のテレビドラマ「アトムの童《こ》」につながる。

「ノーコン・キッド」の撮影中には他にも、『バーチャファイター』のノンフィクションルポ、『トウキョウヘッド 19931995』の著者であるライターの大塚ギチや、元『ファミ通』編集部のルパン小島らとの出会いがあり、彼らがブレーンになって、イベントや面白い企画を提案してくれた。ゲームセンターまわりの情報を伝えるトークライブ「ミカド事件簿」「世界大会」「シューティング祭り」などもスタート。

　大塚くんがヌルシュー部という「部活動」をやり始めたのもこの時期だ。クリアを目指して頑張っている部員が発表会で実演したり、お客さん同士が盛り上がったり、コミュニティを作って大事にするヒントになった。

ユーチューブの本領

２０１３年にはYouTubeで稼ぐ「ユーチューバー」たちに注目が集まり始め、やっと世間も配信を見るようになった。ここでの最大の変化は、編集してエンコードする作業から、リアルタイムのライブ配信への移行だ。

それまでの数年間、僕らは、自分たちで動画を編集したりニコニコ動画にアップし直したりを繰り返していたが、これは非常に手間と時間がかかる。ところがライブ配信ができるようになると、その手間は不要になる。

いまでこそ登録者数が10万人を超えたミカドのYouTubeチャンネルだが、２０１５年に始めた頃の登録者は７００人ちょっとだった。配信自体は14年からで、Ustreamや「Twitchと媒体を変えてやってきたが、視聴者の少なさに心が折れそうになることもあった。

前にも触れたが、僕は最初、配信に懐疑的だった。ゲーセンに客を呼ぶのに動画を無料で見せるだなんて、わけがわからない。むしろお客さんが来なくなると思っていた。

それでも一応試しにやってみると、視聴数やチャンネル登録者数の増加に比例して、お店に来るお客さんも増えた。

一体どうなっているのかわからなかったが、僕なりに気づいたことがあった。

それは、ミカドの配信に出たくて大会に出るという人が一定数いるということだ。そこで僕は、「これもお客さんへのサービスなんだ」と心を入れ替えて積極的にイベントを行うことにした。だから、ミカドが配信を始めたのは他のゲームセンターに比べると遅かったはずだ。いまとなっては続けていてよかったと思う……何事も継続は大事だ。

こうして2014年頃にはミカドは安定期を迎え、その翌年にさらに飛躍する。その要因となるのがインバウンドブームだった。

インバウンドとメダルゲーム

2015年に流行語大賞になった「爆買い」ブーム。中国の富裕層が日本に押しかけて、秋葉原や銀座などで買い物していく様子をよく見かけた。グラフ「訪日外国人数と

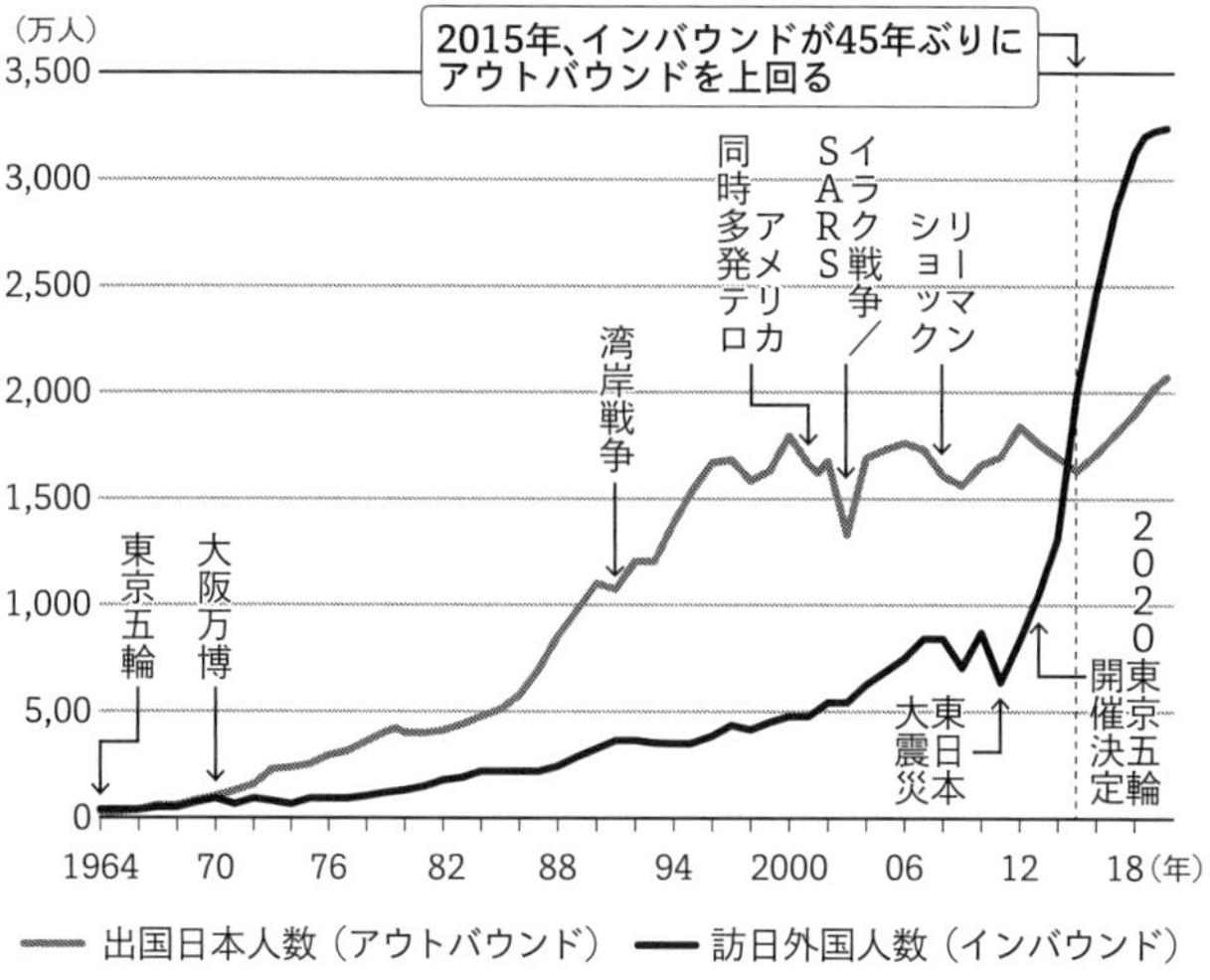

訪日外国人数と出国日本人数の推移（1964〜2019年）
出典：日本政府観光局（JNTO）

出国日本人数の推移（1964〜2019年）」を見ると、震災後からインバウンド需要が急激に増えていることがわかる。インバウンドブームは地方のゲームセンターにはあまり関係がなかったが、首都圏のゲームセンターには恩恵があった。ミカドも例外ではなく、海外のお客さんがよく来るようになっていた。

　ゲーセンに来る旅行者の目的は、主にプライズ機の景品だ。プライズ機の景品は国外では流通していないものが多く（例えば『ドラゴンボール』のフィギュアなど）、みんなものすごい勢いで『UFOキャッチャー』にお金を投じる。不思議に思っていたのだが、どうやら1個取るのに1万円かけても、それが本国では10倍ぐらいで売れるらしい。

もちろんビデオゲーム目当てのお客さんもいた。レトロゲームファンや、『ギルティギア』『ストII』で強い奴と戦いたいという外国人などなど、ゲーム文化が世界に広がっているのをまざまざと見せつけられた。

さらにメダルゲームにも注目が集まった。地方のショッピングモールやゲームセンターのメダルゲームコーナーでは、朝から高齢者がやってきてプレイする光景をよく見かけた。

誰でもプレイできて時間がつぶせるメダルゲームは、彼らにとってはちょうどいい娯楽だったらしい。昔のような単純なコイン落としやスロットとちがって、いまのメダルゲームはかなり面白いのだ。

メダルゲーム界の革命児といえば、コナミが出したメダル落とし『フォーチュンオーブ』(2001年)だ。それまでのメダル落としは文字どおりメダルをチマチマ落としていくものだった。店員さんが数十枚のメダルをセロハンでキャラメル巻きしたものを置いたり、自分たちでテコ入れしていたのだ。

しかし『フォーチュンオーブ』はちがった。パチンコのようなチェッカーと液晶を付けてあり、大当たりすると巨大なオブジェから、メダルがガジャガジャと落ちてくる。しかも全席（各サテライト）がリンクしていて、ラスベガスのカジノにあるスロットマシン『MEGABUCKS』みたいに累積で大当たりになる、まったく新しいシステムだった。

フォーチュンオーブ　©Konami Amusement

メダルゲームは２０００年代から進化し、取り扱う店も増えた。それによって貸メダルの価格競争が始まって、昔より単価が安くなった時期でもある。僕が小学生の頃は１０００円で１００枚も借りられなかったのに、今なら３０００円あれば半日遊べるぐらいの枚数を借りられる。そういう流れができたのはこの時期からだ。

僕もメダルゲームは好きだし、メダルコーナーの運用ノウハウもある程度は知っているけれど、メダル機は高いから種銭がないとコーナー展開ができない。メダル貸出機に入っているお金が売上なので、台に人が座って何時間粘っていてもその機械は基本的に稼いではいない。なかなかに導入が難しいジャンルなのである。

eスポーツとゲーセン

２０１５年あたりは海外でｅスポーツが盛り上がりを見せ、賞金もメジャースポーツなみに高くなっていた時期で、ゲーセンとｅスポーツの関係についてよく聞かれた。梅原大吾くんや、ときどくんなど、日本の有名プロゲーマーが活躍しているジャンルは対戦格闘なので、たしかにゲーセンとは縁が深い。

ミカドでずっと『ギルティギア』をやっていたプレイヤーの「ナゲ」くん（EVO Japan 2018 GUILTY GEAR Xrd REV 2部門覇者）がプロになってラスベガスで優勝したケースもあった。ただし僕にとってそれは高校球児がプロ野球選手になったような感覚に近い。純粋に嬉しいが、ゲーセンには直接関係がないのだ。

さらに言うと、格ゲーはｅスポーツ内においては、一番人気があるような覇権タイトルではない。海外でメジャーなのは『リーグ・オブ・レジェンド』などのMOBA（マルチプレイヤーオンラインバトルアリーナ）、『StarCraft』などのRTS（リアルタイムストラテジー）、『フォートナイト』のようなFPS（ファーストパーソンシューター）で、格ゲーはこのなかでは小さなジャンルだ。もちろん今後もっと大きく育ってほしいと思っている。とはいえ、ゲーセンが応援できることはほとんどないのだ。

なぜゲーセンがeスポーツのような仕組みを作れないのか？

その答えは簡単だ。ゲーセンでは賞金付きの大会ができないのだ。公安が許可を出して運営している場所で、勝手に賞金を出すというのは法律上難しい。

プライズ機は特例として大丈夫だが、ゲームの結果に応じて賞品等を提供することはできないと、風俗営業法に書かれてしまっている。これればかりは法律が変わらない限りどうしようもない。

とはいえ、eスポーツシーンの盛り上がり自体は応援したい。実況の仕事などがあれば、ぜひミカドも協力させてください。

『艦これ』ブームと筐体事情

2016年、久しぶりにゲーセンに行列ができた。人気ブラウザゲーム『艦隊これくしょん - 艦これ -』のアーケード版である『艦これアーケード』の稼働日、都内のゲーセンは人が並び、一部店舗では整理券を配るほどだった。

家でできるタイプのゲームが、ゲーセンでヒットするケースは非常に少ない。『艦これ』以前で言えば、『マリオカート』くらいではないだろうか。ゲーセン版の『マリオカート』の開発元は任天堂ではなくナムコで、ゲーセンならではのチューニングがなされている。

同じように『艦これアーケード』は、家庭用とは別のゲームになっており、しかもカード印刷機能もある。ゲーセンにマッチするよう、上手く作られていた。インバウンドに加えて、『艦これアーケード』の影響もあってか、同年の業界全体の収益はかなり上昇している。

ゲームセンターにとっては、お店にお客さんが来てくれるだけでも嬉しい。ただ、僕がこのとき『艦これアーケード』の筐体を仕入れたかというと、それはまた別の話だ。『艦これアーケード』は、カードを内蔵プリンターで印刷する仕組みだ。カードを補充する必要や、レアカードを抜かれる心配はないが、その代わりに課金の分とカード代に加えて、インク代もかかってしまう。内蔵プリンターも、メーカー保証が切れると2年ごとに買い替えなくてはいけない。家電量販店で売っているようなものとは別で、かなり高価だ。ただでさえ薄利なのに、維持し続けるのにもお金がかかる。

ミカドがこの筐体を仕入れたのは発売から数年経ってからだ。新作のときに仕入れなかったのには理由がある。

『艦これアーケード』の新品は2016年当時70万円程度だった。ところが、数年後には中古で5万円。課金の分やカード代やインク代の出費を考えても、これぐらい安ければキャッシュフローは確実に生まれる。

『艦これアーケード』が盛り上がったこの年あたりから、ミカドでもひとつの重要なコンテンツが花開いた。それがYouTubeの「ミカドチャンネル」だ。

開設当時は登録者も100人程度だったが、大会のライブ配信や、さまざまなプレイ動画のアーカイブが蓄積されていくにつれて、どんどん人が増えていく。それを見たお

2023年、YouTubeの「ミカドチャンネル」のチャンネル登録者数は10万人を超えた

客さんがお店やイベントに来てくれる。この熱には僕も驚いた。

２０１４年１月から始めたチャンネルの登録者数は、15年の段階で７００人ちょっと。これが翌年16年には７５３０人、17年には１万８０００人……。

ゲームセンターも情報を発信していけば、まだまだ「場」として人を集めることができるのだ――そんな自信が生まれた。

そしてこの思いが、池袋に新たなミカドをオープンする大きな決断につながっていく。

池袋ランブルプラザ

２０１８年。ビデオゲームを取り巻く現実は、高田馬場ミカドの盛り上がりとは正反対だった。期待されていた最新ゲーム『ソウルリバース』も期待されたほどヒットしなかった。

立て続けにゲーセンが閉店し、古い知り合いが去っていった。10年以上も付き合いがあるマットマウス鹿島田・新川崎店のオーナー・本田正宣さんが店を畳むと知ったときは、「ついに中小ゲームセンター閉店の波が身内にまで及ぶなんて……」とショックを受けた。本田さんは2004年からゲーセン経営を始め、その人柄もあって、彼のお店は多くのプレイヤーたちに愛されていた。正直、寂しいし、怖くなった。なんで中小のゲーセンは生き残れなくなってしまったのか、と。

ソウルリバース　©SEGA

そして、さらなる悲報が入ってくる。

ミカドのオーナーから「池袋のランブルプラザを閉めようと思う」という連絡が入ったのだ。

オーナーの物件、ランブルプラザは池袋駅前にあるゲームセンターで、Aという会社が運営していた。ところが、2013年のある日、A社が夜逃げした。

なんの商売でもそうだが、夜逃げは、逃げた本人以外、関わったすべての人を不幸にする最凶のカードだ。家賃の滞納、スタッフの失業問題、筐体の廃棄処分……数え切れない問題を残す。オーナーはこれに対して、自ら筐体と従業員を引き受け運営を続けるという決断をしていた。

それから5年が経ち、もちろん、オーナーの会社は息子さんたちが経営の中枢を担うようになっていた。オーナーはいまでもパワフルで健在だが、ここ数年やりとりしていたのは息子さんたちだけで、面と向かってオーナーと話す機会は激減していた。

今回、息子さんたちが閉店を判断した理由は3つ。

- 店全体の売上がじわじわと下がってきている
- 最新のビデオゲームの売上を見て、この業界に未来がないと感じた
- テナント貸しのほうが利益率は高い

もっともな理由である。オーナーが、『スペースインベーダー』の頃から会社を潤し、大きくしてくれたゲームセンターに対して、並々ならぬ愛情を持っているのは知っている。そんな彼が閉店を決めるのは苦渋の決断であることは明白だ。それを思うと悔しく、そして悲しかった。

かたや高田馬場ミカドはおかげさまで好調。東日本大震災による痛手からも回復していた。こうした状況を踏まえたうえで、いまの自分にできることを考えた。

リスクを負う必要なんてあるのか。一からやる体力があるのか、高田馬場だけでいいのではないか。また頭を下げるのか、また社員たちに負担をかけるのか……自問自答の末、僕はオーナーにアポを取っていた。

２０１８年8月末。僕は08年同様、プレゼン資料を持って社長室の前にいた。10年前みたいなしょっぱい「安全圏」の試算表じゃない。最初から「チャレンジ領域」に踏み込んだ試算のプレゼン資料だ。

「オーナー。俺がランブルプラザを引き継ぎます」

「言うと思ったよ（笑）。で、いつからやるの？」

池袋ミカド開店への交渉はとてもスムーズだった。10年間で築いた信頼関係もそうだが、ここ数年の盛況ぶりはもちろん、ミカドが国内外の一般メディアに度々取り上げてもらえていることがオーナーの心象をよりよくしてくれていたのかもしれない。

こうした紆余曲折とご縁により、ランブルプラザはミカドが引き継ぐことになった。

「ゲーセンを減らしちゃいけない。店を増やして勢いを見せつけてやる」という、半ば僕の感情と独断だけでオープンを決めてしまったわけだが、もうやるしかない。

居抜きはキツイよ

高田馬場ミカドのオープン時とは異なり、ランブルプラザの居抜き店舗である池袋ミカドは内外装の工事が必要なく、もともと設置してあったゲーム筐体も引き継いでいることから、楽に店づくりができると思っていた……が、結論。居抜きのほうがキツい。

ランブルプラザのなかでゴミだと判断した物はすべて捨てた。物量は4トン車が3往復分の計12トン。10日間しかない準備期間のうち3日間もゴミ捨てに時間を取られて、かかった廃棄代は30万円。手痛いコストだが仕方ない。

ゴミ捨てが終わると、次はレイアウト（筐体配置）変更だ。

高田馬場ミカドもそうだったが「これが売上的に正解！」というレイアウトは、さまざまな試行錯誤やトライ&エラーを経てようやく見えてくるものだ。また、正解だと思えるレイアウトであっても、未来永劫それが続く保証はない。

池袋ミカドの入っているランブルプラザは、その形や柱の位置から非常にデッドスペースが生じやすい、いびつな間取りになっている。筐体を詰め込めば売上は上がるかもしれないが、筐体間の通路が狭ければ、混雑時にお客さんの居心地が悪くなる。

また、大会やイベントで人が集中した際、周りのゲームをベンチ代わりにされてしまい、そのゲームを目当てに来店してくださったお客さんが残念な思いをしてしまうことも……。

かつてミカドでそんな思いをさせてしまったお客さんにはお詫びします。本当にごめんなさい。

高田馬場ミカドに比べると、池袋ミカドは詰め込みと通路確保の両立が難しく、そのせめぎ合いはセンシティブで、スタッフ間でも意見が分かれてしまう問題になっている。

こういう場合の意見をまとめる方法はひとつ。「お客さんの声」だ。

スタッフ間でどんなに意見が異なっても、我々の仕事はサービス業である。お客さんに楽しさを提供し、対価（コイン）を得て、その対価の蓄積から僕たちにお給料が支払われるのだ。合っていようがまちがっていようが関係ない。まちがっていたら戻せばいい。

対戦台は対戦ハーネス（固定具）でつながっており、ひとりでレイアウトを変更しようとすると、途方もなく時間がかかる作業になってしまう。そのため、ふたり以上で作業に取りかかり、配線が切れないようにタイミングを合わせて移動させることが多い。

また、最近の対戦格闘ゲームはオンライン対応であるため、サーバーからＬＡＮケーブルのつなぎ直し、またはケーブルの延長といった作業も同時に発生する。

閉店時間から3時間後、レイアウトは無事に完了。


看板の取り付けひとつとっても、ゲーセンにはいろんなドラマや思い出が詰まっている。

高田馬場ミカドと同じように、店舗施工専門の総合業者に頼んでしまうと、まず中間に現場監督が入り、そこからお抱えの業者に手配するという流れになるのでコストが上がってしまう。そこで僕は看板専門の業者を直接探すことにした。

ネットで検索してもピンとこず、目玉が飛び出るような見積もり額が返ってくる。直接話して意思を伝えないとダメだと思い、店舗用品専門店が集まる「かっぱ橋商店街」に足を運ぶことにした。

目論見どおり、ここにはたくさんの看板屋さんがあり、やはり自分たちの予算を伝えたうえで業者さんにお願いすると費用が格段に安い。

僕が選んだのは石山製作所という業者さんだ。安いというのも決め手だが、看板製作

オープン直後の池袋ゲーセンミカド IN ランブルプラザ

看板完成後の 池袋ゲーセンミカド IN ランブルプラザ

実績のひとつに、池袋ミカドの近くにあるラーメン屋「はやし田」の名前を見つけた――つまり、池袋ミカドの周辺の事情をわかっていると判断したのだ。

こうして11月22日の早朝、看板は無事に完成。

オープンから「池袋ゲーセンミカド IN ランブルプラザ」は大盛況、YouTubeチャンネル登録者数は2018年に3万人を超えていた。

こうして2018年、ミカドは過去最高益を記録した。

番外編 謎のゲーム『ポラックス』

かつて、ミカドで一作のレトロゲームがブームになったことがある。

韓国のゲームメーカー、ドーヤンのシューティングゲーム『ポラックス』である。

コピーライト表示は1991年となっているが、僕が国内のゲームセンターで『ポラックス』の稼働を見かけたのは93年頃のような気がしている（まちがえてたらごめんなさい）。

国内における販売元はアトラス／NTCの2社表示で、この2社から国内のゲームセンターに流通し、あわせてインストラクションカードのローカライズ、販促フライヤー制作も行われた。当時のアトラスは家庭用の『真・女神転生』シリーズで有名だったが、この頃はまだアーケードに関してはほぼ無名。

もうひとつのNTC社は某ゲームメーカーの別会社（別ブランド）であり、『ポラックス』以前にも『タートルシップ』『ガルフストーム』『ブルーホーク』といった韓国製ビデオゲーム基板を国内向けに販売していた実績があり、ゲームの良し悪しや内容は置いといて「日本未発売のゲームを海外から安く買い上げて国内向けにローカライズ・販売」するという、いま考えると画期的な事業を生業とするメーカーだったようだ。

当時の韓国製ビデオゲーム基板は日本と比較すると、技術的に差があることから、一から開発せずに日本の某メーカーのデッドコピー品が流用されていることが多かったが、しかし『ポラックス』はちがう。

1980年代後期から90年代後半は中小メーカーが、大手メーカーを脅かすようなゲームをリリースするようになった時代でもある。「次は俺たちの番だ！」とばかりに、『ツインコブラ』（『究極タイガー』の海外版）や『雷電』をベースとした、8方向レバー＋2ボタン（扇ショットにボンバーを搭載）の縦スクロール型シューティングゲームが流行。『ポラックス』もそうした背景から開発されたゲームであることはまちがいない。

では、何故このゲームがミカドで盛り上がったのか？

稼働のきっかけから順を追って記しておく。

2019年5月某日「春のシューティング祭り」の最中、故障した『怒首領蜂大往生ブラックレーベル』の基板が修理先から返却・発送したとの連絡が入る。

『怒首領蜂大往生ブラックレーベル』はデータをバックアップしている電池が切れてしまうとゲームが起動しなくなる仕様の基板であり、起動回数、起動時間があらかじめ決まってしまっている特殊構造のようだった。

つまり、電池切れするたびに定期修理が必要なのだが、2019年にはメーカー修理対応は終了。仕方なく、有志の噂を聞きつけ、その方に修理をお願いさせてもらった。

翌日。宅配の遅れから、『怒首領蜂大往生ブラックレーベル』の基板は店に届かず、朝から稼働準備のために空けて用意していた筐体に急遽、別のゲーム基板を稼働することになる。

高田馬場ミカドの事務所の棚には「比較的よく使うが、常時稼働するまでもない格闘ゲームタイトル」が常備され、他にもジャンル問わず「故障や基板入れ替え時にアウトされたタイトル」などが保管されている。その棚から、とりあえず1日だけ何かかかわりになるような「縦画面」のゲーム基板はないか？手に取り確認してみる。

『ガンダム EX REVUE』『ドラグーンマイト』『ときめきメモリアル 対戦ぱずるだま』『ゴジラ』……全部横画面だ。

と、次の瞬間だった。

「なんだこれ？ サイドアー……いや、『ポラックス』!? 1日だけだし、これでいいや」

かくして『ポラックス』が稼働し始める。すぐに差し替えるのだから告知するわけもなかったのだが、じつはミカドは『ポラックス』と付き合いが長いのだ。その話は2012年まで遡る。

高田馬場ミカドより貸し出された筐体で撮影されたTVドラマ「ノーコン・キッド」がクランクアップして少し時間が経った頃、「ぜったい移植されなさそうなシューティング祭」という、その名のとおりマイナーシューティングゲームを一斉稼働するイベントを実施した。

一発ネタみたいな企画なので、当初は期間限定をうたっていたのだが、稼働したタイトルはどれもインカムが高く、タイトルを追加しながらイベントを継続することになった。

ミカド常駐シューティング勢が分担して各マイナーシューティングをクリアまで攻略し、情報を共有していたのを今でも良く覚えている。その総決算となるイベントが「ミカド勢vs.マイナーシューティング」だ。

2012年当時、ミカドのシューティングゲームイベントは配信ではなく、観客を集めてスーパープレイをプロジェクターとスクリーンで大写しし、実演する形で実施していたのだった。当イベントは実施後、評判もよく、さらなるインカム上昇と、この日実現しなかったタイトルの実演プレイ実施需要が高まる結果となった。

年が明けて2013年1月のある日。EVOでも活躍し、アニメ「ハイスコアガール」でザンギエフのプレイアクターも務めた強豪『ストⅡ』プレイヤーかつシューティングゲームもこなしてしまうTMF氏より報告を受ける。

「『ポラックス』がヤバい」

TMF氏は近い将来必ず実現するであろう「ミカド勢vs.マイナーシューティング」の第二弾実施に向け、前回は実現しなかった『ポラックス』の攻略のため粛々とプレイを重ねていたのだ。

2019年6月3日に配信した「春のシューティング祭り ちゃんたけvs.『ポラックス』」にて「1P側は処理落ちするとボムが出ない！」「2P側は処理落ちするとレバー右が効かない！」と僕がサラサラと解説できた理由は、12年から13年に散々TMF氏がクリアに向けてやり込んでいたときの情報があったからに他ならない。

ＴＭＦ氏が毎回「なんだこりゃあ！」と僕に『ポラックス』のヒド……いや、魅力を伝えてくるたびゲラゲラと笑っていたのだった。

ＴＭＦ氏から「安定して『ポラックス』をクリアできるようになった」と報告を受け、ついに実現した「ミカド勢vs.マイナーシューティング」第二弾イベントが「ミカド部活動ＳＰ」だ。

２０１３年３月、遂に実現する「ＴＭＦ vs.『ポラックス』」の実演プレイ。その結果は……ＴＭＦ氏惨敗！

ことごとく続く処理落ちでボムが出ない引きの悪さで、クリアどころか４面でゲームオーバー。今なら連コインで無理やりクリアまでプレイしてもらうところだが、当日はライブハウスでのイベントゆえ、尺が決まっている関係上、早々に次の実演プレイにイベントを進めざるを得なかったのだ。

普段ゲームが上手いＴＭＦ氏が実演で撃墜された姿と、わざわざクリアするところを見に来てくれたお客さんに対し、僕はショックと申し訳なさを感じつつ『ポラックス』に怒りを覚えたのであった。

「なんだこのゲーム！　ふざけんな！」

以後『ポラックス』が高田馬場ミカドで稼働することはなく、6年の歳月が流れていくことになる。

そして2019年5月某日。

「なんすか、あれは!?」

ちゃんたけがミカドに来るなり僕に言い放った台詞だ。『怒首領蜂大往生ブラックレーベル』を遊びに来たつもりが、そこにはしょっぱい見た目のシューティングが稼働しているのだから、文句のひとつも言いたくなる。

「とりあえず稼働してるだけで、遊ぶなら今のうちだよ」

それなら遊んでみるかと思ってくれたのか、ちゃんたけは『ポラックス』に向かっていく。去り際に僕は言った。

「処理落ちするとボムが撃てなくなるから気をつけろよ」

それから数日後。修理が完了した『怒首領蜂大往生ブラックレーベル』が高田馬場ミカドに到着したと報告を受ける。僕は早速スタッフに『ポラックス』と入れ替えて稼働するようにメールで指示を出した。

その後、高田馬場ミカドに行ってみて驚いた。

「えっ、なんでまだ稼働させてるの？」

『ポラックス』がまだ稼働していたのだ。

「ファラヲ佐々木に、クリアするまで稼働してほしいと懇願されてしまって……」

ファラヲ佐々木は発売当時から『ポラックス』をやり込んでいたにもかかわらず、クリア前に撤去されてしまったそう。ゆえに「どうしても当時のリベンジがしたい！」という思いが強かったようだ。

そういうことなら、と『怒首領蜂大往生ブラックレーベル』は別の筐体を空けて稼働し、『ポラックス』もしばらく稼働し続けることになった。

月日は流れ、2019年6月某日。

「なんだあれは！　こんなことに時間を割くのが腹立たしい！」

ちゃんたけがあったまった状態で高田馬場ミカドの事務所に入ってきた。

「なんのこと？」と僕が問う。

「『ポラックス』がクリアできねえ！」

なんだ、お前やってたのかよ……。僕が6年前にTMF氏から得た情報を共有してみると、ちゃんたけはさらに攻略をアップデートしていた。

「ああっ、ムカつく！　もう1回やってくる！」

そして、彼はまた『ポラックス』に向かって行くのだった。

『ポラックス』の息抜きに『怒首領蜂大往生ブラックレーベル』を遊んでる」とちゃんたけが語り始めて数日後、ついに「『ポラックス』1周クリアしました！　パワーアップを取ると弱くなるので、取らないようにすると安定してきました」と報告を受ける。

「じゃあ秋のシューティング祭りで配信しよう」

「こんなゲームを秋にもう一度、一からやり直しするのは苦痛なので、できればすぐに配信しましょう」

「わかった。ファラヲ佐々木にも声をかけてみよう」

かくして2019年6月3日、「春のシューティング祭り2019アンコール　ちゃんたけ&ファラヲ佐々木vs.『ポラックス』」の日が来た。

その内容は6年前のTMF氏同様、ちゃんたけもファラヲ佐々木も完敗。

この配信以降『ポラックス』はSNS上で話題となって拡散され、ついにはミカド以外のゲームセンターでも稼働し始め、基板屋さんの在庫が瞬殺で売り切れるほどの騒ぎとなっていく。

いま思えば、6年前は配信などのインフラが整っていなかったため、一部の盛り上がりだけだった。やっていることは大差ないにもかかわらず、配信というツールに乗る形でより多くのゲームファンに届き、ゲーセンミカド自体の成長を実感することができた。その発端が『ポラックス』だというのがまた滑稽ではあるのだが。

その後『ポラックス』は韓国版と国内版を2台に増設稼働し、配信を見た新規勢が続々と押し寄せ、週末には行列ができるほどのインカムを稼いだ。

マイナーゲームを売り出す販促方法・マーケティング戦略としても、この流れはとても参考になった。例えば、配信するにしても「敗戦→リベンジ戦」という流れはプロレス的なストーリーを感じるものであるし、ゲームの寿命そのものが延びる結果となっている。反面、6年前から仕込んで熟成させてきた知識の蓄積も絶対に必要だった。

5月に『怒首領蜂大往生ブラックレーベル』の修理納品が遅れ、空いた筐体に入れる基板を探した際、手に取ったゲーム基板が仮に『ポラックス』でなかったら、果たしてこれだけの騒ぎに発展していただろうか？ そもそも『怒首領蜂大往生ブラックレーベル』がキチンと納品されていれば、『ポラックス』がミカドで稼働されることは二度となかったはずだ。

ゲーセンで稼働しているビデオゲーム一台一台に、こういったドラマやストーリーがある。

STAGE 5

混乱の時代 2019–2023

年	主なアーケード作品（開発会社、販売会社など）	その他の関連事項
２０１９	鉄拳7 FATED RETRIBUTION Round2（ナムコ）、ストリートファイターV タイプアーケード（カプコン）、アカとブルー タイプレボリューション（タノシマス）	
２０２０	マリオ＆ソニック ＡＴ 東京２０２０オリンピック アーケードゲーム（任天堂・セガ）	新型コロナウイルス感染症の流行／ゲーセンミカド×ナツゲーミュージアム in 白鳥会館オープン
２０２１	バーチャファイター esports（セガ）	東京２０２０オリンピック開催
２０２２	サムライスピリッツ零 SPECIAL 完全版（ＳＮＫ）	ロシアのウクライナ侵攻／ドラマ「アトムの童」放送

最高から最低へ

２０１８年にミカドの収益が伸びた理由は大きく分けてふたつある。

①単純に店舗が増えた

この年、ミカドは高田馬場に2軒、広島（アミパラ広島店）や大阪（ＧＡＭＥ星狩物語・岸和田店）にもコラボ店舗ができて、実質4店舗を経営、お店自体の売上もよかった。

②ゲーム以外の収益が増えた

動画配信による売上、ゲームソフトとのコラボ。さらに、『ＦＧＯ』で知られるゲーム会社、ディライトワークスのオフィス内にゲームセンターを設置。マスコットキャラクターの「ミカドちゃん」が10月に誕生。このグッズもよく売れていた。

高田馬場ミカド店内で販売されるミカドオリジナルグッズ等

店舗売上8割、他の収益が2割——合計２０００万円。

たいしたことはないと思われるかもしれないが、ミカドには新しいゲームがほとんどない。スマホで無料ゲームができる時代に、レトロゲームだけで利益を出すのは不可能に近い。

だからこそ、ミカドは他の部分で勝負している。ゲームのインカムは当然として、動画配信の収益、イベント、その他グッズをあわせて、ゲリラ的に戦うことでしか生き残れないのがいまのゲームセンターの現状なのだと痛感させられた。

こうして2年が経過し、安泰かと思われたミカドだったが、ここで最大の危機がやってくる。

それが、２０２０年の新型コロナウイルスだ。

クラウドファンディング

２０１９年12月に、中国で発生した新型コロナウイルス感染症（COVID-19）の報道をテレビで目にしたとき、それはまだ対岸の火事だった。

ところが、翌月に日本で確認され、さらに翌月……と、どんどん感染者が増えていく。

売上がガクッと下がったのは２０２０年の２月からだ。２０１７～18年のミカドは週末に３０００人ぐらいのお客さんが来ており、そのうちの１割くらいは海外旅行者だった。それがほぼゼロになり、全体の客足も半分以下……大変なことになったと感じた。前年から下降していたインカムは、ここに来てかなり危ない状況になっていた。

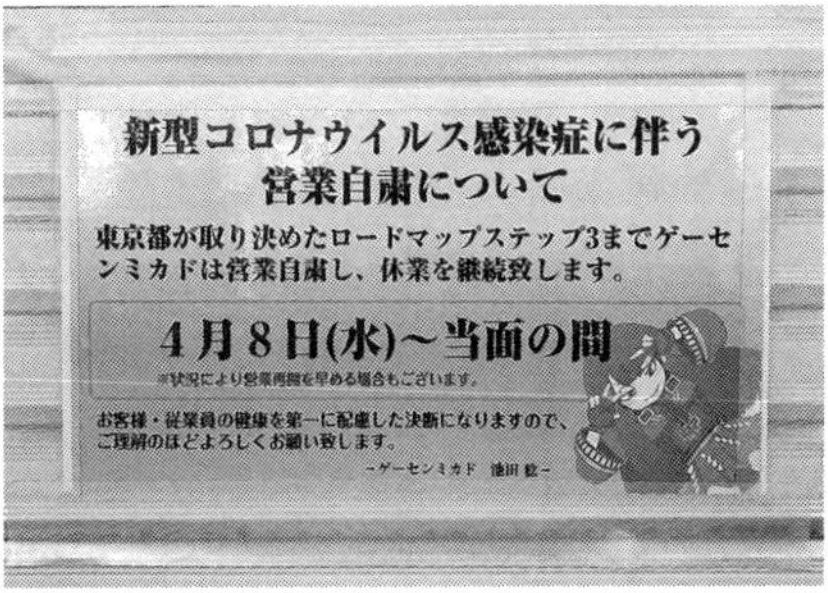

2020年、ゲーセンミカド営業自粛の張り紙

なにせ打つ手がなにもない。「よし、じゃあ毎日大会

高田馬場ゲーセンミカド月間売上推移

をやろう」といってもコロナで人が来ない。

実はこの時期、高田馬場ミカドのオーナーから、すぐそばにある白鳥ゲームプラザの経営も持ちかけられていた。

この状況でゲーセンをやるのはかなり無謀だ。でも……以前の震災の時期のことを思い出した。あのときも、全力でやればなんとかなった。なにもせずに沈んでいくくらいなら、あがいたほうがマシだ。

僕は、2019年9月に閉店した秋葉原にあるレトロゲーセン「ナツゲーミュージアム」とコラボして、この店を「ゲーセンミカド×ナツゲーミュージアム in 白鳥会館」として復活させるプロジェクトを考え、これを軸にクラウドファンディングを行うことに決めた。

ナツゲーミュージアムは秋葉原で9年間愛された店舗であり、貴重なレトロゲーム文化を残すためという意義があった。

ほかにもコラボ店舗や、ミカドの設備充実など、お客さんがより楽しめるような案を考えているうちに、ミカドのアドバイザーだったライター、大塚ギチの著書復刊のアイデアが出てきた。

大塚くんは2019年5月に、自宅で亡くなっているところをミカドスタッフによって発見された。彼の著作『トウキョウヘッド 19931995』は絶版になっていたが、1990年代の対戦格闘ゲームプレイヤーたちの実態を伝えるリアルなルポルタージュとして、後世に残すべき記録だ。

考えた結果、クラウドファンディングの内容は次のようなものになった（以下、クラウドファンディングサービス「キャンプファイヤー」サイトより）。

---

①ゲーセンミカド別館 in 白鳥プラザオープン計画

弊社は2020年1月、JR高田馬場早稲田口駅前にあるゲームセンター「ゲー

ム in 白鳥プラザ」の営業権利を取得、2020年5月をめどに同所を「ゲーセンミカド別館 in 白鳥プラザ」として、リニューアルオープンを予定しておりました。実現の際は、同店既存ラインナップを一新、「80年代テーブル筐体」「エレメカ」「レトロパチスロ」をメインコンテンツとし「アーケードゲーム第二の聖地」を東京高田馬場に創造します。

高田馬場ゲーセンミカドと一線を画すラインナップのため、大会、配信等のコンテンツ拡大を図り、さらに多くのお客様に楽しんでいただけるサービスを提供いたします。

②中部地方、北陸地方でのゲーセンミカドコラボレーションコーナーオープン計画

2020年4月以降、弊社は広島県の「アミパラ広島店×ゲーセンミカド」、大阪府の「星狩物語×ゲーセンミカド」に続く、コラボレーションコーナーのオープンを計画しておりました。

場所は守秘義務のため現在は明かせませんが、中部地方と北陸地方で現在営業中

のゲームセンター内となります。

既存コラボ店のメイン客層であるコアゲーマー以外のファミリー客層に対応したラインナップ、企画を実施し、全国に存在するゲーセンミカドファン及び、その家族たちにもアーケードゲームの魅力を波及させる「空間」を提供します。

③小説 TOKYO HEAD 復刊計画

２０１９年5月にこの世を去った、伝説のゲームライター「大塚ギチ」氏最大の足跡である小説「TOKYO HEAD」復刊を予定。

同書の内容は現在のｅスポーツ、プロゲーマーの出現を予見させる内容となります。

現在入手困難な状態にある同書と大塚ギチ氏の功績を未来に残すプロジェクトと位置付けし、付帯する様々な企画を実現予定。

④ ALL.Net P-ras MULTI バージョン3筐体の設備投資計画

高田馬場ゲーセンミカドの経営危機を何度も救済してくれたアーケード対戦格闘

ゲーム「ギルティギアシリーズ」。

同タイトルのプレイヤー、コミュニティのために2020年春に登場する新作に向け、ALL.Net P-ras MULTI バージョン3筐体増設を計画しておりました。

実現の際は最低10台の筐体設置を約束いたします。

⑤高田馬場ミカド／池袋ミカド 喫煙ブース設置計画
2020年4月より施行された受動喫煙防止条例に基づく喫煙ブース設置を予定。都の基準をクリアーする喫煙ブース設置には100万円近くのコストがかかるため、当初は資金繰りをしながら2020年内に順次設置していく計画でした。喫煙ブース設置が実現すれば、2020年4月以降20歳未満が入場できないフロアである「高田馬場ゲーセンミカド2階」と「池袋ゲーセンミカド地下1階、2階」への未成年者の入場が可能となり、以前のように親子連れや学生がアーケードゲームを楽しめる空間を提供することができます。

■プロジェクトをやろうと思った理由

新型ウイルス感染問題による客足の低下、イベント自粛の影響により、ゲーセンミカド（東京高田馬場、池袋）は2020年3月度より売上が平常時の50％～70％減となってしまいました。

この状況が今後数ヶ月続くと仮定した場合、数か月以内にゲーセンミカドは必要経費を確保ができず、閉店を余儀なくされます。

そこで弊社としましては、誰もが予測不能であった当問題を良い意味で受け止め、志し半ばで諦め、指をくわえて閉店を待つよりも、できる事に積極的にチャレンジする道を選択します。


目標金額は2000万円。

果たして集まるのか……僕もまったく予想できなかった。4月7日、1回目の緊急事態宣言が発出された3日後の10日に開始、そして5月10日に終了。

結果的に、3872人が支援してくれ、3732万8892円もの金額が集まり、2020年にキャンプファイヤーで行われたクラウドファンディングの総合賞5位となった。

キャンプファイヤークラウドファンディング総合５位のトロフィー

本当に感謝しかない。

しかし、すべてのゲームセンターがクラファンをやれたわけではない。この年、全国のゲーセンは３９３１店にまで減少した。１９８６年の２万６５７３店と比べ、85％以上が閉店してしまったのだ。

「アミューズメント産業界の実態調査報告書」によると、２０２０年度のアミューズメント産業界の市場規模は、前年度の７０５５億円から、５２６０億円にまで落ち込んでいる。15年からじわじわと上昇していた市場が、ここにきて一気にダメージを受けたのが数字からも伝わってくる。

こうしてクラファンの支援で、なんとか危機を切り抜け、待っていれば感染症も収束するだろうと胸をなでおろした僕らだった——が、その考えは甘かった。

二度目のクラウドファンディング

翌2021年になっても事態は変わらなかった。

いや、むしろさらに過酷になっていた。クラファン支援のお金で本を作り、店舗を増やし、設備を充実させたものの、相変わらず感染拡大のせいで人が戻らない。

1月8日に二度目の緊急事態宣言が出るに至って、ミカドにも限界がきた。1回目の支援で集まった3500万円は、1年足らずですでに尽きていた。人員の削減、家賃の交渉、税金の分納、やれることはやった。それでも厳しい。

毎日のように届くゲームセンター閉店情報。1990年代の対戦格闘ゲームブームの中心地だった「GAME SPOT21新宿西口」もだ。全国の有名店がどんどん倒れていく。

それはそうだろう。小さな飲食店は休業要請に従えば協力金がもらえるが、ゲームセンターはその支援からは外されていたのだから。

法律で職業に貴賤はないといいながら、あきらかに風俗店を他の職業と区別している。同時期に、東京新聞の取材も受けた。

◆ゲーセン、時短協力しても協力金なし

「憤りを通り越してあきれる」

ゲームファンの間で「聖地」として知られる「ゲーセンミカド」（東京都新宿区）の深町泰志運営部本部長（46）は、営業時間を短縮しても都からの協力金がない制度を嘆いた。

高田馬場駅近くにある本店は通常、午前0時まで営業し、午後7時すぎからにぎわうが、8日から午後8時閉店に繰り上げた。

8日午後、ゲーム機約250台を備えるビル1、2階の店舗はほぼ無人。音楽だけが響く。

ゲームセンターの時短は都からの「協力依頼」で、飲食店などへの「要請」より位置づけは低く、応じなくても店名の公表はない一方、協力金はもらえない。

◆苦渋の決断、寄付金も底に…

それでも時短を決めた深町さんは「緊急事態宣言が出れば外出する人は減り、深夜まで営業しても客は見込めない」と説明。「外堀を埋めておきながら、協力してもお金を払わないなんて中途半端」と疑問を表す。

昨年4月の緊急事態宣言時は6月中旬まで休業した。毎月約２０００万円の売り上げがなくなり、クラウドファンディングを実施。ゲームファンから約３７００万円を集めて乗り切ったが、その資金もなくなり、近く再び寄付を募るつもりだ。「不要不急」という言葉でゲームセンターは「一番初めに切り捨てられる」と感じる。深町さんは「ここで生きている人もいると知って」と訴える。

（「東京新聞 TOKYO Web」２０２１年1月9日より）

3月15日に、ミカドは二度目のクラウドファンディングを行うことにした。目標金額は１０００万円。内訳は左記。

▼資金の使い道〈事業計画資金〉

クラウドファンディングのリターン品にもなった『TOKYOHEAD 完結編』『TOKYOHEAD NONFIX』

①『TOKYO HEAD2』（仮題）発行費
印刷製本代・運送諸経費　３００万円
②VTuberミカドちゃん開発費
開発費・VTuber運用機材　２００万円
③ゲーセンミカド事業支援協力金
事業支援協力金　５００万円

単なる事業支援の内容だけではなく、ゲームセンター文化を広げていくような中身にしたい。そう考え、新刊を作ると同時に、マスコットキャラクター「ミカドちゃん」の

3Dモデルを作りVTuberとしてデビューさせる。攻めの計画だ。
結果的に、募集が終了した3月20日、1206人の支援者によって1568万3833円が集まった。これでスタッフを路頭に迷わせることもなく、お客さんに楽しんでもらえる。なによりゲーセンという文化をさらに広げていける。シューティングゲームで言えば、ボムを2回使って切り抜けたという感じだろうか。

世界初ゲーセン Vtuberとして開発された「VTuber ミカドちゃん」

ところが、また思わぬ失敗があった。クラウドファンディングは雑収入なので、集めれば集めるほど税金が高くなる。だから売上はないのに、消費税の支払いが過去最高になってしまったのだ。これにはまいった。
それでも、クラファンの支援がなければあそこで心が折れていたのはまちがいない。支援者のみなさんのゲーセンに対する思い入れも知ることができ、なんとかゲーセン文化を残していこうという気持ちを新たにした出来事だった。本当にありがとうございました。

ゲームセンター最大の危機

振り返ってみると、1980年以降のゲームセンターの歴史のなかで、コロナ禍に翻弄されたこの2年間ほど過酷な年はなかっただろう。おそらく歴史を振り返るとき、ここを転換期とみなすことになるのはまちがいない。2020年以後のゲームセンター業界は、本当に大変な状況だ。

チェーン店も店舗を整理したり、再編成したり、インカムを稼がないビデオゲームからプライズ機への移行も激しい。報道で見かけた例だと、鳥取のセガワールド米子など、コロナ前より売上が伸びたゲーセンもあったようだが、この場合も、やはりプライズ機がメインだ。古いお客さんの客単価は上がれど、子供のゲーセン離れは否めない。

ミカドは小さな店なので、ゲリラ的にそのときやれることを最大限やっていくことしかできない。逆に言えば、アイデア次第でなんとかできることもある。

BtoCが無理ならBtoB。コラボのゲームソフトを作ったり、ビデオゲーム筐体「アストロシティ」を模した家庭用ゲーム機『アストロシティミニ』の宣伝をしたり、プロモーション的な仕事も始めた。

YouTubeチャンネル登録者は現在約10万人、その支援も助かっている。グッズを売り、場所貸しサービスも始めた。

２０２２年に放送されたテレビドラマ「アトムの童《こ》」では、ドラマの印象的なシーンの多くにミカド店内が使われている。これは、場所貸しを斡旋している会社があって、そこがテレビの制作会社に「こういう場所をロケ地にどうですか？」みたいな営業をしてくれた結果だ。最初はそんな会社があることを知らなかったが、面白いものだ。

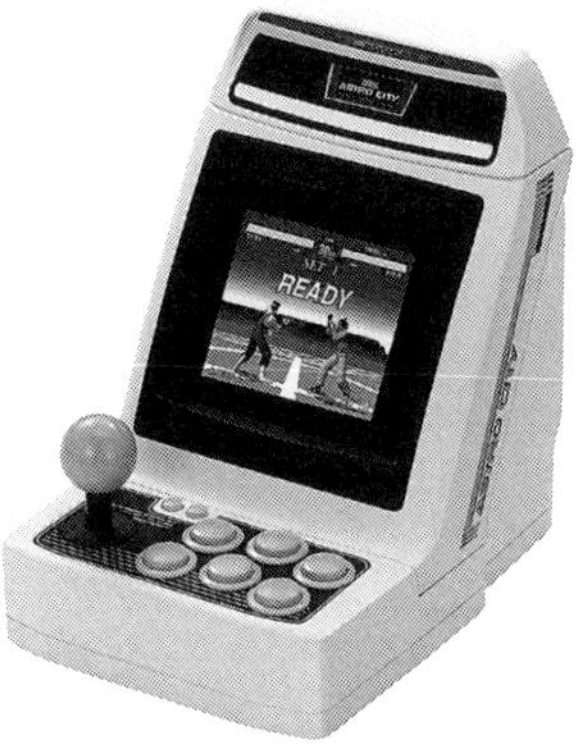

アストロシティミニ
©SEGA ©SEGATOYS

海外企業から「会社ごとミカドを買いたい」という依頼が来たこともある。そのときは断ったが、『スター・ウォーズ』を未来へ残すために、ルーカスフィルムがディズニーに身売りしたように、レトロゲームのメンテナンスを含めたゲーセン文化を未来に残そうとすると、将来的にはそういった方向もありえるのかもしれない。

けれど、ここまで生き残ったからには、日本からゲーセンがなくなる最後の日まで僕は店をやりたいと思っている。

とはいえ、ゲームセンターはそう簡単にはなくならないだろう。人が集まってなにかをする「場」の需要がゼロになることはない。

スマホやソシャゲによって、ゲーセンに行くという選択肢がどんどんなくなっていく時代だが、ゲームセンターという場所と、そこにあるゲームに魅力を感じる人はいなくならない。時代の流れと切り離されている場所が、ずっと存在していられることこそ、文化的な豊かさの象徴である。

それこそ、海外の旅行者が見たいのはそういった古いものだったりする。新しいものにも価値があるが、古いものにも同じくらい価値があるのだ。

ただ、ゲームセンターはあくまで「場」にすぎない。僕らゲームセンターは「ゲーム」が作れない。若い世代にゲームセンター文化を継承していきたいが、それも「ゲーム」があってこそ。

だから、メーカーさんにはこれからも、いろいろなゲームを出し続けてほしい。ジャンルも格ゲーやシューティングに限る必要はない――まだまだゲームセンターでしか遊べない、新しいものが現れることを信じている。

ゲーセンの未来に向けて

２０２３年、３年ぶりにゲームセンター業界最大の展示会「ジャパンアミューズメントエキスポ」（ＪＡＥＰＯ）が開かれた。コロナの影響によって、20年度のアミューズメント産業界の市場規模は５２６０億円に。前年度と比べて約25％の減少を見せた。そこからの立ち直りは容易ではない。

この苦境のなかで、各社がキーワードとして打ち出したのが「リアルを重視」だった。コロナでオンライン化が進むなかで、カウンターとも言える施策だが、ゲームセンターの強みはたしかに「リアル」だ。初心に帰って、この強みを伸ばすしかないだろう。

クレーンゲームの景品の値段も、２０２２年に警察庁の通達で８００円以下から１０００円以下に変更され、ますますプライズの魅力は高まっていく。この先ゲームセンター業界がプライズをメインにしたリアル志向になるのはまちがいない。

では、ビデオゲームはどうなるのだろうか？　かつてあれほど僕たちを魅了した数々の名作。その伝統を継ぐものたちは現れないのだろうか？　なぜこんなにもビデオゲームが減ってしまったのか……。これに関しては、問題がはっきりしているので、それをまとめておきたい。

ゲームセンターからビデオゲームというジャンルが極端に減ってしまった理由は明解で、大手メーカーが新作ビデオゲームをリリースしても採算が取れなくなったからだ。

採算が取れない理由はふたつ。

①ハードの高性能化によって開発費が上がった
②ゲームセンターが減り、販売と売上が下がった

このように、開発費は上がったのに、買う人が減っているという状況がベースにある。大手に限らず、ゲームメーカーは予算や売上目標という数字と日々戦いながら運営されている。時間と手間をかけてゲームを開発するなら、より売上の高い仕事を優先し実

現すべきだ。

そうなると、ビデオゲームの開発優先度は自ずと低くなってしまう。

業界紙の調査によると、日本国内におけるビデオゲームジャンルの売上は1995年を頂点に下降したと言われているが、2000年代に入ると大手メーカーはビデオゲームジャンルのあり方を、いままでの小さな汎用筐体稼働から、大きなネットワーク筐体へと変えていく。

この流れで出てきた『ダービーオーナーズクラブ』から始まったステーション型タイプのゲームや、『Fate/Grand Order Arcade』（2018年）、『艦これアーケード』『麻雀格闘倶楽部』も広く言えばビデオゲームジャンルである。

しかし、こうした大型機は導入コストが高く、体力のあるゲームセンターでなければ稼働させるのが難しく、特定の客向けになっている。

そのため、外れたときのリスクは店側にとって非常に大きく、それを回避する手段はディスカウント以外にこれといってない。近年、この手法は限界が近づいているのではないかと僕は睨んでいる。

大型化と同時に一部の大手メーカーが旗を振り、「ＮＡＯＭＩ」や「Type X」といった汎用基板を販売する流れも生まれた。

汎用基板とは、基板を持っていればファミコンのようにソフトを挿し替えるだけでいいタイプのものだ。基板ごと交換すると30万円くらいかかるが、ソフトだけなら10万円前後で済む。１９９０年代のゲーセンでは、カプコンの「ＣＰシステムⅡ」や、ＳＮＫの「ＭＶＳ」のような汎用基板が活躍を見せたが、そのあたりをピークに汎用基板は廃れてしまった。

さらに、問題になったのが新規格「ＪＶＳ」の導入だ。

それまでの基板は「ＪＡＭＭＡ（Japan Amusement Machine and Marketing Association）」規格と呼ばれるもので、コネクタと基板をつなげるだけの接続が簡単なものだった。ところがＪＶＳは、基板のほかにもいくつかの機器を接続しなくてはならない複雑なものだ。この接続が難しすぎて年配の方が店を畳んだ……という噂を聞いたこともある。

これによって筐体の買い替えを余儀なくされ、開発コストも跳ね上がり、それに見合ったゲームタイトルを開発できなくなったと考えられている。

しかし一番の要因は、別のところにある。

基板・筐体をゲームセンターに販売するディストリビューターの倒産だ。

２００８年前後に、エイブル、ＡＭＩ、ＰＩＣといった大手ディストリビューターが連鎖的に倒産した。この原因は、高度な技術を求めて進化していった筐体が、それに比例して高額になっていったことで、簡単には売れなくなってしまったことにあると言われている。

この倒産によって、メーカーは多額の損害を出してしまった。この反省から、ALL.Net P-ras MULTIやNESiCAxLive（ネシカクロスライブ）といった配信形式のゲーム供給システムが生まれた。

ディストリビューターを介さず、1プレイ料金から徴収することで売上とするスキームなら、ゲームメーカーとしては在庫リスクや生産コストがかからないうえに販売の手間もいらない。

配信システムは、店舗側としては「新作が発売日に供給される」という、一見するとメリットだらけのシステムだが、未だに全国的なヒットタイトルが出ておらず、相変わらず開発費は上昇、さらには店舗も減っている。

最近では新作の供給もままならず、家庭用でリリースされているタイトルばかり配信されるようになった。これだとリリースの瞬間から、初心者プレイヤーは家庭用でやり込んでいるプレイヤーに初狩り（初心者が狙い撃ちされること）される。課金のせいで大会などの企画にも制限がかかる。この状況では、大手以外の店舗がゲームの販促を行い、盛り上げるのは不可能だ。

「入荷しました！」とツイートすればインカムが上がる時代ではないし、課金があるからレンタルでの運用もできない。ショッピングセンターのゲームモールや駄菓子屋さんに、ALL.Net P-ras MULTIやNESiCAxLiveは設置できない。結果的に、若いプレイヤー、ゲームセンターファンも育たない。

ネットワークを使った課金・配信スキームは、すでに限界に達している。開発する会社、導入したゲームセンター、遊ぶプレイヤー、誰ひとりとして得をしないと個人的に考えている。

２０１９年にもなって、ファミコンのディスクシステム書き換えサービスと同じ失敗をゲームセンターで繰り返しているのだ。

長々書いてきたが、現状の問題点をまとめると以下のとおりだ。

- 開発費の高騰
- 筐体の大型化
- 筐体の買い替えを余儀なくされる
- ヒット作が作れない
- 販売会社の倒産
- 従量課金制

とはいえ、本書を読んでもらえばわかるとおり、この状況は僕がミカドを始めたときにはすでに始まっていたことだ。それがゆるやかに進行していき、世界的な不景気や戦争や感染症など、あらゆる要因があわさって、後戻りができないところまできてしまった。

この先ゲームセンターの歴史は、小さな個人経営店と大きなメーカーとでは、まったく別のものになるだろう。

こうした状況を生んだものがなんだったのか振り返って、同じ状況を生まないために本書を役立ててくれれば嬉しい。

生き残るための知恵

最後に、この先、この本を読んでいるあなたが個人経営のゲームセンターを始めようとするならば、生き残るためにどういう方法があるのだろう？　ここまでミカドを続けてきた僕の考えを示しておきたい。

■場の価値を高めていけ！

居酒屋で仲間と一緒にワイワイガヤガヤ飲む酒と、家でひとりで飲む酒は味がちがう。そういうことを可視化してわかってもらえるような運営の仕方が必要——具体的に言えば配信やイベントを継続していくことだ。あるいは、メタバース的なネット空間にミカドを作ってもいい。最終的にリアルな場があれば、そこへの導線になる。

■海外に向かえ！

インバウンドのお客さんを見ていて痛感するのが、日本のゲームコンテンツの強さだ。外国人のお客さんのゲームへの熱量は本当にすごい。外国で「日本の筐体を集めてるんだ」とか「ゲーム作ってるんだよね」とか言うと「マジで!?　かっけえ！」ってなるみたいで、そのへんの感覚は日本とはまったくちがう。

日本のゲームセンターの魅力はまだまだ海外には伝わっていない。YouTube 配信を全部英語対応にしたら、それで新規のコンテンツになるし、ゲームに詳しい外国人の実況が副音声で聞けるだけでチャンネル登録者数はもっと増えるだろう。

■ピンチはチャンスじゃなくて大ピンチだ！

あらゆる仕事がそうだが、必ずピンチがやってくる。そういうときは「これはチャンスだ」などと甘いことを言っている場合じゃない。それは自分が考えているよりもピンチだ。だからこそ頑張れ！　失敗を取り返すにはいつもの倍働くしかない。本当に好きならやれる。できなかったらそれは好きじゃないか、もしくはちがうことをやったほうがいい。

■ロケーションにはこだわれ！

ミカドの家賃は安くない。もっと安い地味な場所に移動すれば経営は楽になるだろう。だけど、本当にそこからムーブメントは生み出せるだろうか？　たしかにローカルな場所、地方発のムーブメントはさまざまなジャンルで存在する。特に音楽ジャンルでは顕著だ。しかし、それはカリスマがいたり、人のつながりがもともと強固であったりする場合だ。そうした強みがあるならそれを伸ばすほうがいいだろうが、もし特にないなら、ロケーションにはこだわるべきだ。あんがい、それが一番の強みになったりするものだ。

■とにかく知ってもらえ！

かつて僕がジーエム商事で店長をやっていたときは、なりふりかまわずに宣伝をやっていた。例えば新聞の折込チラシに無料券を付けて住宅地で配ったり、ゲーセンで野菜を配ったり。いま考えるとめちゃくちゃだった。けれど得体の知れないパワーもあった。自分の足でチラシを撒いたり、親子連れの大会を開催したり、なんでもやってみるべきだ。知ってもらわないとなにも始まらない。

■企画力を鍛えろ！

僕の企画力はジーエム時代に鍛えられたものだ。プライズ機がメインのゲームセンターでは大会をやれないので、別の企画を考えなくてはならない。

定番はビンゴ大会だが、ある日なにか別のことをしようと考えた結果、野菜を配ることを思いつき、野菜交換券を付けたチラシを撒いた。100円ショップで野菜を大量に買い込んで待っていたら、普段来ない主婦層が何人もやってきて大成功だった。

またあるときは、100円玉の摑み取りを開催。これにも多くの人が集まった（どれだけ手が大きい人でも3000円ぐらいしか持てないのだが……）。

あとはパチスロで最初にビッグを引いたお客さんが優勝っていうのもやったことがある。これも盛り上がった。

ミカドで企画を立てるようになってからも、のど自慢、アイスの早食い、じゃんけん大会、わたあめ大会……考えうるすべてをやった。それがエスカレートして、店内でプロレスの試合もやったことがある。学生プロレスをやっている常連とゲーマーを戦わせようと、会場を借りて、さらに常連とプロレスラーの高山善廣さんが試合をやったり。

いま考えるとめちゃくちゃだけれど、それをみんなが楽しんでいた。まだまだこの先もめちゃくちゃな企画をやっていきたいと思っている。

ちなみに、本書をお店に持ってきて池田に「サインください！」と声をかけてくれると……なにかが起きる！


以上だ。

書いていて馬鹿馬鹿しくなるほどに泥くさい。大手のゲームセンターには笑われてしまうようなことだろう。だけれど考えてみれば、「馬鹿馬鹿しさ」にこだわってきたのがミカドだ。

企画もゲームも馬鹿馬鹿しいくらいがちょうどいい。そもそもゲームは馬鹿馬鹿しいほうが面白い。なにごとも笑えないと続かない。配信も実況も経営も、「面白くて笑える」という感想は最高の褒め言葉だ。

遊んでいると「なんだよこれ」と思うようなゲームは無数にある。真面目に取り組んだら腹立つようなゲームもいっぱいある。

崇高なトッププレイヤーたちの戦いも面白い要素のひとつではある。だけど、ミカドをどんな場所にしたいかと聞かれたら、僕は迷わずこう答える。

来て、見て、笑って、「ああ楽しかった」、そう言って帰ってもらえる場所にしたい、と。

僕にとってゲームセンターは、今も昔も、つらい現実を忘れさせてくれるオアシスのような場所なのだ。

あとがき

どうも。池田稔こと、イケダミノロックです。本書を読んでいただければわかるとおり、ゲーセンミカドは２００６年８月の開店以来、幾多の困難を乗り越えて現在に至っています。

29歳で会社経営を始めた僕は、困難にぶつかる度に自分自身の未熟さと向き合わされ、苦しい思いをたくさん経験しました。それでも家族や従業員やお客様のために歯を食いしばって一歩一歩前進し、いまだ会社経営者として成長の過程にあります。

２０１９年から始まったコロナ禍はあらゆるサービス業、エンターテインメント業、サブカルチャーに甚大な被害を与えました。志半ばで消えていく同胞を目の当たりにし、自分自身も心が折れかけましたが、２０２３年現在、なんとか崖っぷちで踏み止まっている状況です。

ゲームセンターという施設は、端的に言えば現実社会で生活と仕事に追われている皆さんに『潤い』を与える場所として公安に許諾を受けています。その起源は古く、江戸時代の「娯楽場」まで遡ると言われ、脈々とその文化が現在まで続いているのです。日本は戦後、高度経済成長を経て以降バブル期にかけて、「ビデオゲーム開発」というジャンルで間違いなくトップを走っていました。その真価が最も発揮されていた場所が当時のゲームセンターでした。

団塊ジュニア世代である僕は、ビデオゲームの進化と活況を幼少期から目の当たりにしていたため、2023年現在の一般的なゲームセンターの在り方には寂しさを感じています。ゲーセンミカドは、「あの頃のゲームセンターの雰囲気や熱量を少しでも感じてもらいたい！　規模は小さくても未来に残していきたい！」という目的で営業を始めました。

もちろん懐古主義だけでは到底生き残ることはできないため、引き続き、配信、SNSといった最新のインターネットインフラやゲーム開発企業様や、時には別ジャンルのカルチャーともコラボレーションを続けて生き残りを図ります。

2023年3月以降、やっとコロナ禍の終わりが見えてきましたが、電気代高騰や24年上半期から流通する新紙幣対応など、問題が山積みです。また、世界情勢の緊張も日に日に高まっており、世界中が近年稀に見る混乱を迎えています。

そうした大きな流れに押しつぶされるものが多いなかで、ゲーセンという小さな文化を守ることは、後世につながる重要な使命だと考えています。

そんな気持ちを応援してくれるかのように、この本が完成する直前、ゲーセンミカドのYouTubeチャンネルの登録者が10万人を突破しました。中小企業ゲームセンターのチャンネルとしては快挙といって良い数字です。

さらに、スペインのフランチャイズ店舗である「ゲーセンミカド in ヨーロッパ」が規模を拡大しマドリードにて再オープンする話も飛び込んできました。いままではスペイン国内でも、とんでもない田舎に出店していたため、マドリードに移転すればより多くのお客様が来店できるようになります。

加えて、某大手デパートからの出店依頼がいくつか届いております。これはゲーセンにとって、単なる出店以上の意味を持っています。なぜなら、日本のアミューズメント業界を発展させた「ナムコ」の最初のロケーションは、横浜のデパートの屋上の一角だったからです。そこに置かれた木馬が、いまのゲーセンのルーツのひとつなのです。

ここに来て新店舗を構えるには現実的にいろいろな意味でリスクや高いハードルがあ

りますが、このような要望をいただけるという事実が、ゲーセンミカドを運営する心の支え、原動力につながっていくのです。前進あるのみです。

最後になりますが、いつもゲーセンミカドを支えていただいているご来店のお客様、配信視聴者様、関係各社の皆様、協力者の皆様、クラウドファンディング支援者の皆様、本書のために画像を提供くださった各社の皆様、本当にありがとうございました。

本書を手に取った皆様の人生や生活に少しでも『潤い』を与えることができれば幸いです。

これからもゲーセンミカドは、皆様に楽しさや懐かしさを提供し続ける場所として頑張ってまいります。どうぞこれからも、ゲーセンミカドを、よろしくお願い申し上げます！

ラクレとは…la clef＝フランス語で「鍵」の意味です。
情報が氾濫するいま、時代を読み解き指針を示す
「知識の鍵」を提供します。

中公新書ラクレ
797

ゲーセン戦《せん》記《き》

ミカド店長《てんちょう》が見《み》たアーケードゲームの半世紀《はんせいき》

2023年6月10日発行

著者……池田《いけだ》 稔《みのる》
聞き手・構成……ナカガワヒロユキ

発行者……安部順一
発行所……中央公論新社
〒100-8152 東京都千代田区大手町1-7-1
電話……販売 03-5299-1730　編集 03-5299-1870
URL https://www.chuko.co.jp/

本文印刷……三晃印刷
カバー印刷……大熊整美堂
製本……小泉製本

Published by CHUOKORON-SHINSHA, INC.
Printed in Japan　ISBN978-4-12-150797-6　C1276

中公新書ラクレ　好評既刊

L763

増補版 弘兼流 60歳からの手ぶら人生

弘兼憲史 著

名刺と一緒につまらない見栄は捨てよう！　60歳は物語でいえば終盤、いよいよ仕上げの時の始まりです。でも、本当に楽しいのはこれから。この機会に、「常識」という棚にしまったものを、一度おろして吟味してみませんか。「持ち物」「友人」「お金」「家族」……身辺整理をしたその先に、これからの人生に必要なものが見えてくるはず。第一線で活躍し続ける漫画家が、60歳からの理想の生き方をつづったベストセラーの増補版。

L773

歩きながら考える

ヤマザキマリ 著

パンデミック下、日本に長期滞在することになった「旅する漫画家」ヤマザキマリ。思いがけなく移動の自由を奪われた日々の中で思索を重ね、様々な気づきや発見があった。「日本らしさ」とは何か？　倫理の異なる集団同士の争いを回避するためには？　そして私たちは、この先行き不透明な世界をどう生きていけば良いのか？　自分の頭で考えるための知恵とユーモアがつまった1冊。たちどまったままではいられない。新たな歩みを始めよう！

L792

新版 中野京子の西洋奇譚

中野京子 著

箒にまたがり飛翔する魔女、笛吹き男に連れられて姿を消したハーメルンの子どもたち、悪魔に憑かれた修道女、死の山の怪……。科学では説明できない出来事や、人々が語り継がずにいられなかった不思議な話。誰もが知る伝承に隠された、恐ろしい真実とは？　歴史奇譚の魅力に触れたら、あなたはもう、戻れない……。稀代の語り手が贈る、21の「怖い話」。新版刊行に際し、「余話「怖い」に魅かれる一因」「奇譚年表」も収録。